漢字

학부모님들의 뜨거운 사랑, 최고의 학습지로 보답하겠습니다!

기탄학습지를 사랑해 주시는 전국의 유·초등학생, 그리고 학부모님 여러분!

그동안 기탄교육은 대한민국 모든 어린이들이 공평한 교육기회를 누릴 수 있도록, 저렴하면서도 최고의 학습효과를 거둘 수 있는 서점용 학습지를 개발·보급하여 왔습니다. 대표 브랜드 기탄수학을 비롯하여 기탄사고력수학, 기탄국어와 급수한자, 스텐퍼드영단어 등 기탄의 학습지들은 자녀교육에 관심이 높은 학부모님들께 꾸준한 인기를 얻었으며, 그 결과 기탄수학이 3년 연속 주요 일간지 학습지부문 히트상품에 선정되기도 했습니다. 또한 외국 교포, 외국에서 근무하는 외교관이나 상사주재원의 자녀, 이민이나 조기유학을 떠나는 학생들에게 기탄학습지는 꼭 챙겨야 하는 중요품목으로 자리잡게 되었습니다.

기탄교육은 이러한 성원에 힘입어 교재에 대한 다양한 요구를 수렴하고, 교육의 시대적 변화에 능동적으로 대처한 신개념 학습지 기탄한글과 기탄영어를 개발하여 전국의 학부모님들로부터 뜨거운 찬사를 받고 있습니다. 특히 세계 최초로 채택한 4 in 1 시스템 제본은 뛰어난 학습 효과는 물론이고, 고객중심의 사고로 우리나라 교육출판 역사에 한 획을 그은 획기적인 발상으로 평가받고 있습니다.

이번에 새로이 선보인 「기탄한자」 역시 어린이들과 학부모님의 기대에 부응하는 최고의 한자학습지라 자부합니다. 최근 한자능력검정시험에 응시하여 자격증을 따는 초등학생의 숫자가 기하급수적으로 증가하는 등 한자교육의 중요성이 높아지고 있습니다. 특히 어릴 때부터 한자를 익히면 중국어나 일본어를 습득하는데도 큰 도움이 될 뿐만 아니라 국어의 언어능력이 높아지고 학습효과가 증대된다는 많은 연구보고가 있습니다.

'곡식은 농부의 발자국 소리를 듣고 자란다' 는 말처럼 아이들 교육에서도 부모의 관심과 애정이 가장 큰 힘이요, 자양분입니다. 무조건 값비싼 사교육에 우리 아이들을 맡기기보다는 아이들 스스로 공부하는 힘을 길러줄 수 있도록 기초 교육만큼은 부모님께서 직접 챙겨 주십시오.

앞으로도 저희 기탄교육은 항상 연구하고 노력하는 자세로 부모와 자녀가 함께 공부할 수 있는 좋은 교재를 개발하기 위해 모든 노력을 경주하겠습니다.

기탄을 사랑하시는 전국의 모든 학부모님과 어린이 여러분께 진심으로 감사의 말씀을 드립니다.

(주) 기탄교육 임직원 일동

그림으로 익히고 놀이로 기억하는
〈입체 한자 학습프로그램〉

이미지 연상에 의한 그림 한자 학습

한자는 그림에서 출발한 문자입니다. 사물의 모양을 본떠서 점차 상징화된 표의문자(뜻글자)로 발전하여 오늘날 세계에서 가장 많은 수의 인구가 사용하는 문자가 되었습니다. 기탄한자는 아이들에게 한자를 그림의 일부로서 뜻을 기억하게 하고 사물의 모양에서 문자 요소를 각인하도록 하였습니다. 학습지업계 최초로 이미지 연상을 통한 그림 한자를 개발하여 아이들은 한자를 기호가 아닌 그림 덩어리로 받아들여 저절로 기억하게 됩니다.

자원변화 과정의 이해를 통한 원리 이해 학습

기탄한자는 무조건 쓰고 외우는 방식이 아니라 자원변화 과정의 이해를 통한 제자 원리를 이해하도록 합니다. 갑골문 – 금문 – 설문해자의 한자 변천 과정을 아이들의 눈으로 접해 보며 원리 이해에 의한 한자 학습을 진행합니다. 문자학계의 정설을 엄선하여 학문적으로 여러 번의 감수와 고증을 거친 한자 학습의 표본이 될 수 있는 한자 학습프로그램입니다.

학습 효과를 극대화하는 체계적인 학습 전개 방식

한 주의 학습 전개 방식은
복습 ➡ 도입 ➡ 전개 ➡ 활용 ➡ 정리 ➡ 상식 ➡ 놀이
학습의 순서로 전개됩니다.

복습 한 주 학습의 시작은 항상 지난 주에 학습했던 한자의 복습으로 출발합니다.

도입 재미있는 창작 동화를 통해 이번 주에 익힐 한자의 개념을 접하고 스티커 활동을 통해 흥미를 불러일으킵니다.

전개 각각 한자의 뜻과 소리와 모양 그리고 필순, 부수, 한자어 등을 익히게 됩니다.

활용 학습한 한자를 다양한 놀이 방법을 통하여 자연스럽게 좌뇌와 우뇌를 개발하는 이미지 학습법으로 한자 실력을 다져 나갑니다.

정리 앞서 익힌 3요소, 필순, 부수 등 한자의 가장 필수적인 내용을 마무리합니다.

상식 한자와 관련된 상식, 고사, 유래, 일화 등 여러 가지 흥미로운 이야기들을 엄마와 아이가 함께 읽어 나가면서 학습에 진정한 재미를 느낄 수 있습니다.

놀이 오리기, 접기, 만들기, 퍼즐 맞추기, 그림 그리기, 만화 등 아이의 오감을 이용할 수 있는 놀이 활동으로 한 주 학습을 마무리합니다.

아이들은 한자박사로,
엄마는 진정한 선생님으로 만들어 드립니다

아동의 좌우뇌 발달을 돕는 한자 학습

대뇌를 연구하는 학자들에 의하면 6세 이전에는 우뇌가 주로 발달하고 그 이후에는 좌뇌 발달이 이루어진다고 합니다. 우뇌는 이미지, 직관, 예술 등의 기능을 담당하고 좌뇌는 분석적, 논리적, 언어적인 역할을 담당합니다. 기탄한자만의 자랑인 그림 한자, 도트 연결 한자, 숨은 한자, 직관 한자 등 이미지 요소 학습을 통해 직관력과 통찰력을 키워 아이의 우뇌를 자극해 줍니다. 또, 뜻, 소리, 모양 분리하기, 규칙성 알기, 모눈한자 따라가기, 모양 추리하기, 한글·한자병기 학습은 아이의 좌뇌를 개발시켜 줍니다. 10세 미만의 아이라면 바로 기탄한자로 아이의 두뇌개발을 도와 주세요.

하나의 한자를 37회 연습하는 완전학습 프로그램

예를 들어 山(산/뫼 산)이라는 하나의 한자를 기탄한자 프로그램 내에서 총 37회의 학습 기회를 갖게 했습니다. 복습, 도입, 전개, 활용, 응용 등 다양한 학습의 장을 마련하여 아이들은 자신도 모르는 사이에 한자를 접하고 익히게 됩니다. 37회의 학습 기회는 한자를 완전학습으로 이끌어 주는 지름길이 됩니다.

다양한 놀잇감을 통한 입체적 놀이학습

기존의 주입식, 쓰기 일변도의 한자 학습법에서 벗어나 아이들의 오감을 자극하고 아이들이 학습의 주인공이 되는 부교재와 함께 학습합니다. 각 집(권)마다 한자 카드, 스티커는 물론, 한자어 카드와 모형 놀이, 창열기 놀이, 파노라마 놀이, 조각 한자 맞추기 놀이, 병풍 놀이, 브로마이드 등 패키지 학습물 수준의 놀잇감이 아이들의 학습을 재미로 이끌어 줍니다.

독립적인 복습호 운용과 학습 성취도 평가 시스템

4주마다 한 번씩 복습주를 편성하여 앞서 익힌 한자들을 기억하도록 구성하였습니다. 이미 학습한 한자를 시간의 흐름과 함께 잊어버리지 않도록 각 집(권)마다 1호씩 총복습의 기회를 갖게 합니다. 또, 복습호에서는 일정 기간 동안의 학습 성취도를 점검하는 형성평가를 구성하여 올바른 진도 진행을 도왔습니다. 엄마는 집(권)별 형성평가와 각 단계별 총괄평가를 통하여 우리 아이의 학습 상황을 점검하고 적절한 동기유발과 칭찬으로 진정한 엄마 선생님이 될 수 있습니다.

〈형성평가와 총괄평가〉

어렸을 때 배운 한자는 평생을 통해 활용됩니다
한자 학습의 중요성이 날로 높아지고 있습니다

● 한자 학습은 왜 필요할까요?

한자 학습은 이제 선택이 아닌 필수가 되었습니다. 우리의 언어 생활에 반드시 필요한 영역이라는 인식과 함께 한자가 지닌 학문적 전이성, 시대적 필요성 등이 재해석 되고 있기 때문입니다.

첫째, 우리말의 70% 이상이 한자어로 이루어졌기 때문에 기본적인 언어 생활에 도움을 줍니다. 곧 우리말을 바르게 이해하고 올바른 국어 생활을 하기 위해서는 한자를 아는 것이 필수적입니다.

둘째, 국어, 수학, 사회, 역사, 외국어 등 다른 학과 공부에 많은 도움을 줍니다. 예를 들어 수학을 공부할 때 분자(分子), 분모(分母), 분수(分數) 등 한자를 알고 있는 아이라면 수학의 개념도 훨씬 더 쉽고 정확하게 이해할 수 있습니다. 이렇게 한자는 타과목의 도구 교과적인 성격을 갖고 있습니다.

셋째, 어휘력과 이해력의 신장으로 문장 의미 파악이 쉬워져 책을 가까이 하는 아이로 만들어 줍니다. 한자는 조어력(造語力)과 의미 함축성이 매우 뛰어난 문자입니다. 이러한 이유로 전문서적이나 학술 용어 등은 한자로 표현되어 있습니다. 많은 양의 독서 경험은 곧 아이의 생각하는 힘과 창의력을 길러 줍니다.

넷째, 한자나 한문에는 선인들의 지혜와 윤리관이 배어 있어 바람직한 가치관과 예의범절을 배울 수 있습니다. 고전, 명문 속에 담긴 효행, 우애, 경로 등 사상적인 유산을 통해 바람직한 가치관을 가질 수 있고 나아가 사람이 해야 할 도리, 어른을 공경하는 자세, 학문을 배우는 자세 등도 익힐 수 있습니다.

● 한자 학습의 추세는 어떤가요?

한자 사용을 사대주의적 발상, 중국의 문자 차용이라고 보는 종전의 시각에서 벗어나 이제는 우리 언어의 일부라는 인식이 확대되어 초등학생부터 성인까지 한자 학습 열풍이 불고 있습니다.

첫째, 한자능력검정시험의 자격증이 국가 공인 자격증으로 인정됨에 따라 유아~성인에 이르기까지 한자 학습 붐이 일고 있습니다.

둘째, 21세기의 주역으로 한자 문화권이 급부상함에 따라 중국어, 일본어의 기초로서 한자 학습의 열기가 높아지고 있습니다. 한자는 세계인구의 1/4이 사용하고 있는 국제 문자로서 앞으로 그 중요성은 날로 높아질 것입니다.

셋째, 2005년부터 대학 수학 능력 시험 외국어 영역에 한문 과목이 추가되고 중·고등학교의 시험 출제 유형에서 논술 유형 출제 비중이 높아짐에 따라 한자 학습의 조기 교육이 일반화되어 가고 있는 상황입니다.

넷째, 대부분의 초등학교에서 재량시간으로 한자 학습을 시행하고 있습니다. 70년대 이후 한자 교육을 전혀 받지 못했던 부모님들과는 달리 현재 대부분의 초등학생들이 한자를 배우고 있습니다.

다섯째, 각종 공문서, 도로 표지판 등에 한자를 병기하는 국가 정책과 경제계, 교육계 등 각계의 한자 학습 요구에 대한 발표로 한자 학습의 중요성은 더욱 높아지고 있는 상황입니다.

한자 학습은 아이의 두뇌를 개발해 줍니다
한자 학습의 체계! 기탄한자가 잡아 줍니다

● 한자 학습의 효과는 무엇인가요?

▶ 한자는 그림에서 시작된 문자로서 구체적 이미지 자체가 곧 문자가 되었습니다. 이러한 시각적 이미지를 통한 학습은 곧 아동의 우뇌를 자극해 줍니다.

▶ 한자는 하나의 기초 개념에서 새로운 개념을 창출해 나갑니다. 이러한 과정을 통하여 아동의 창의력, 어휘력을 길러 줍니다.

▶ 한자는 저마다의 뜻, 소리, 모양을 각기 지닌 문자입니다. 이렇게 저마다의 뜻과 소리, 모양을 분석하는 연습을 통해 아동의 좌뇌 발달을 돕습니다.

▶ 한자는 부수와 몸이라는 수많은 부속품들의 조합으로 이루어진 문자입니다. 이러한 부속품들의 분리와 합체 과정을 통해 아이의 좌뇌를 발달하게 하고 논리력, 분석력을 키워 줍니다.

▶ 한자가 갖는 문자학적 특징은 조어력, 의미 함축성, 의미 명시성이 있습니다. 이미 만들어진 한자와 한자를 결합하여 새로운 단어를 만드는 조어력, 의미를 함축적으로 표현할 수 있는 의미 함축성, 의미가 바로 드러나는 의미 명시성이 있습니다.

한자 학습의 연구가 활발히 이루어지는 일본에서는 한자 학습의 시기가 빠를수록 좋다고 합니다. 그것은 우뇌 발달 시기인 6세 이전에 표의문자를 더 쉽게 받아들일 수 있으며, 초등학교 1학년 때가 가장 높은 효과를 보인다는 주장입니다. 그러므로 어른들의 관점으로 한자가 유아들에게 어렵다는 편견은 버려야 하며 한글을 어느 정도 읽을 수 있는 시기라면 한자 학습의 적기라고 할 수 있습니다.

● 기탄한자는 어떻게 구성되었나요?

▶ 기탄한자는 그림과 놀이로 시작하는 기초 한자 과정에서부터 고전명저의 명문장까지 한자 학습의 체계를 세우는 프로그램입니다. 중학교 교육용 한자 900자의 범위에서 기초한자(낱자)과정 ➡ 조어(교과서 한자어)과정 ➡ 문장(고전)과정의 학습까지 한자 학습의 체계를 세우는 학습목표로 개발되었습니다.

▶ 기초한자(낱자)과정(A단계~D단계)에서는 한자를 처음 시작하는 유아에서 한자 학습의 경험이 없는 초등학교 2학년생을 대상으로 상형자, 지사자 등 쉬운 개념의 기초한자 168자를 익히게 됩니다.
시각 이미지를 통한 그림한자의 각인과 다양한 부교재를 통한 놀이 학습으로 재미있게 학습하는 특성을 지니고 있습니다. 또, 최고의 일러스트와 세련된 디자인으로 아동의 정서적 심미감을 기를 수 있는 프로그램입니다. 기존의 한자 교재와는 차별화된 학습 효과를 얻을 수 있습니다.

▶ 조어(교과서 한자어)과정(E단계~G단계)에서는 총 90여권의 초등학교 교과서에 쓰인 모든 한자어를 사용 빈도와 한자 난이도에 따라 분석한 방대한 양의 데이터베이스를 갖추어 156자의 학습 한자와 530여 한자어를 선정하였습니다.

신출 한자와 이미 학습한 기출 한자를 조합하여 새로운 어휘를 만들어 내는 무궁무진한 조어(造語)의 원리를 아이가 스스로 깨달아 이해력과 어휘력이 높은 아이로 자라나게 해줍니다. 또 단편적인 한자 암기 학습에서 벗어나 국어, 수학, 사회, 과학 영역의 다양한 예문 학습과 창작 동화, 인물, 시, 신문, 고전이야기 등의 학습으로 학교 수업에 자신감을 길러 주고 나아가 어휘력, 사고력 향상으로 논술의 기초 능력까지 배양해 줍니다.

구성내용

A·B단계 교재별 구성내용은 이렇습니다

◆ 기탄한자 A단계 호별 학습 내용 및 부교재

집	호		학습 한자	학습 한자어	부교재
1집	1	1a ~ 12a	山, 川, 日	강산, 등산/ 하천, 산천/ 日기, 日월	한자 모형 놀이 한자 카드 한자어 카드
	2	13a ~ 24a	月, 火, 水	반월, 月급/ 火산, 火재/ 水영장, 水요일	
	3	25a ~ 36a	木, 金, 土	木수, 식木일/ 金구, 황金/ 국土, 土지	
	4	37a ~ 48a	복습+놀이 학습	복습	
2집	5	49a ~ 60a	一, 二, 三	一등, 통一/ 二층, 二학년/ 三각형, 三총사	한자 창열기 놀이 한자 카드 한자어 카드
	6	61a ~ 72a	四, 五, 六	四방, 四계절/ 五선지, 五월/ 六학년, 六반	
	7	73a ~ 84a	七, 八, 九	북두七성, 七면조/ 八도강산, 八방미인/ 九관조, 九구단	
	8	85a ~ 96a	복습+놀이 학습	복습	
3집	9	97a ~ 108a	十, 百, 千	十자가, 十월/ 百점, 百화점/ 千자문, 千리마	한자 파노라마 놀이 한자 카드 한자어 카드
	10	109a ~ 120a	耳, 目, 口	耳목, 耳비인후과/ 제目, 면目/ 식口, 출입口	
	11	121a ~ 132a	人, 手, 足	人간, 人형/ 手술, 선手/ 足구, 수足	
	12	133a ~ 144a	복습+놀이 학습	복습	
4집	13	145a ~ 156a	田, 石, 玉	유田, 대田/ 石공, 石굴암/ 백玉, 玉동자	한자 브로마이드 한자 카드
	14	157a ~ 168a	力, 大, 小	인力거, 풍力/ 大학생, 大가족/ 小아과, 小인국	
	15	169a ~ 180a	上, 中, 下	上의, 上행선/ 中국, 中심/ 下교, 下인	
	16	181a ~ 192a	복습+총괄 평가+놀이 학습	복습	

◆ 기탄한자 B단계 호별 학습 내용 및 부교재

집	호		학습 한자	학습 한자어	부교재
1집	1	1a ~ 12a	犬, 牛, 羊	충犬, 애犬/ 牛유, 牛마차/ 羊모, 백羊	한자 모형 놀이 한자 카드 한자어 카드
	2	13a ~ 24a	父, 母, 子	父모, 父자/ 母녀, 학父母/ 子녀, 子여	
	3	25a ~ 36a	生, 心, 身	生일, 선生/ 心신, 안心/ 身체, 身장	
	4	37a ~ 48a	복습+놀이 학습	복습	
2집	5	49a ~ 60a	車, 士, 己	車도, 자전車/ 군士, 박士/ 자己, 극己	한자 창열기 놀이 한자 카드 한자어 카드
	6	61a ~ 72a	自, 工, 門	自동차, 自연/ 목工, 工장/ 대門, 창門	
	7	73a ~ 84a	刀, 王, 白	단刀, 은장刀/ 王자, 국王/ 白지, 흑白	
	8	85a ~ 96a	복습+놀이 학습	복습	
3집	9	97a ~ 108a	魚, 貝, 鳥	인魚, 魚항/ 貝물, 貝총/ 백鳥, 길鳥	한자 파노라마 놀이 한자 카드 한자어 카드
	10	109a ~ 120a	主, 册, 雨	主인, 主객/ 册상, 공册/ 雨산, 雨의	
	11	121a ~ 132a	風, 里, 竹	風차, 강風/ 里장, 里정표/ 竹림, 竹도	
	12	133a ~ 144a	복습+놀이 학습	복습	
4집	13	145a ~ 156a	草, 花, 馬	약草, 草가/ 무궁花, 花원/ 경馬장, 馬부	한자 브로마이드 한자 카드
	14	157a ~ 168a	男, 女, 夕	男녀, 미男/ 소女, 선女/ 夕양, 추夕	
	15	169a ~ 180a	舌, 齒, 面	작舌차, 舌음/ 齒과, 충齒/ 가面, 수面	
	16	181a ~ 192a	복습+총괄 평가+놀이 학습	복습	

C·D단계 교재별 구성내용은 이렇습니다

◆ 기탄한자 **C단계** 호별 학습 내용 및 부교재

집	호		학습 한자	학습 한자어	부교재
1집	1	1a ~ 12a	文, 化, 言, 才	文인, 文신/ 化석, 문化/ 言어, 言론/ 다才, 천才	한자 맞추기 놀이 한자 카드 한자어 카드
	2	13a ~ 24a	兄, 弟, 交, 友	兄제, 학부兄/ 의형弟, 弟자/ 交통, 외交/ 交友, 전友	
	3	25a ~ 36a	多, 少, 血, 肉	多정, 多소/ 少녀, 노少/ 심血, 血육/ 肉식, 肉신	
	4	37a ~ 48a	복습+놀이 학습	복습	
2집	5	49a ~ 60a	出, 入, 內, 外	出구, 出생/ 入구, 출入/ 국內, 차內/ 外국, 內外	한자 병풍 놀이 한자 카드 한자어 카드
	6	61a ~ 72a	去, 來, 立, 坐	去래, 과去/ 來일, 미來/ 자立, 立동/ 정坐	
	7	73a ~ 84a	光, 明, 行, 步	光명, 풍光/ 문明, 明월/ 신行, 行진/ 步병, 步행	
	8	85a ~ 96a	복습+놀이 학습	복습	
3집	9	97a ~ 108a	天, 地, 江, 河	天사, 天국/ 천地, 地구/ 江산, 江촌/ 河천, 은河수	한자 주사위 놀이 한자 카드 한자어 카드
	10	109a ~ 120a	毛, 皮, 角, 蟲	毛피, 양毛/ 목皮, 皮혁/ 녹角, 직角/ 초蟲, 해蟲	
	11	121a ~ 132a	古, 今, 衣, 食	古목, 古서/ 고今, 今일/ 우衣, 하衣/ 외食, 초食	
	12	133a ~ 144a	복습+놀이 학습	복습	
4집	13	145a ~ 156a	君, 臣, 兵, 卒	君주, 君신/ 臣하, 충臣/ 兵사, 兵력/ 卒병, 卒업	한자 브로마이드 한자 카드
	14	157a ~ 168a	方, 向, 左, 右	지方, 方향/ 풍向, 남向/ 左우, 左향左/ 右회전, 左右명	
	15	169a ~ 180a	本, 末, 分, 合	근本, 本인/ 末일, 본末/ 分교, 分수/ 合창, 合심	
	16	181a ~ 192a	복습+총괄 평가+놀이 학습	복습	

◆ 기탄한자 **D단계** 호별 학습 내용 및 부교재

집	호		학습 한자	학습 한자어	부교재
1집	1	1a ~ 12a	靑, 赤, 音, 色	靑산, 靑년/ 赤색, 赤십자/ 音악, 音색/ 백色, 色지	한자 맞추기 놀이 한자 카드 한자어 카드
	2	13a ~ 24a	住, 所, 姓, 名	의식住, 住택/ 所감, 장所/ 姓명, 백姓/ 名작, 지名	
	3	25a ~ 36a	利, 用, 有, 無	利용, 예利/ 공用, 식用/ 有명, 소有/ 無인도, 無례	
	4	37a ~ 48a	복습+놀이 학습	복습	
2집	5	49a ~ 60a	公, 平, 意, 思	公공, 公무원/ 平화, 平야/ 意견, 동意/ 思고, 思상	한자 병풍 놀이 한자 카드 한자어 카드
	6	61a ~ 72a	老, 弱, 貧, 富	老인, 원老/ 弱체, 노弱/ 貧약, 貧혈/ 富귀, 富자	
	7	73a ~ 84a	正, 直, 忠, 孝	正직, 正답/ 直선, 直각/ 忠성, 忠언/ 孝도, 孝녀	
	8	85a ~ 96a	복습+놀이 학습	복습	
3집	9	97a ~ 108a	前, 後, 走, 止	역前, 오前/ 오後, 식後/ 활走로, 경走/ 止혈, 금止	한자 주사위 놀이 한자 카드 한자어 카드
	10	109a ~ 120a	法, 道, 完, 全	法률, 法원/ 道로, 道덕/ 完승, 完성/ 全국, 안全	
	11	121a ~ 132a	善, 惡, 長, 短	善악, 善행/ 惡마, 惡몽/ 長검, 사長/ 장短, 短명	
	12	133a ~ 144a	복습+놀이 학습	복습	
4집	13	145a ~ 156a	世, 界, 國, 家	世계, 출世/ 外界, 정界/ 國왕, 國어/ 家족, 작家	한자 브로마이드 한자 카드
	14	157a ~ 168a	東, 西, 見, 聞	東서남북, 東해/ 西구, 西부/ 발見, 見학/ 신聞, 풍聞	
	15	169a ~ 180a	南, 北, 兒, 童	南극, 南대문/ 北극, 北상/ 유兒, 兒동/ 목童, 童화	
	16	181a ~ 192a	복습+총괄 평가+놀이 학습	복습	

구성내용

E단계 교재별 구성내용은 이렇습니다

◆ 기탄교과서한자 E단계 호별 학습 내용 및 부교재

집	호		학습 한자	학습 한자어		심화 영역		부교재
1집	1	1a~16a	寸 京 品 市	寸 : 四寸, 外三寸, 四寸間 品 : 食品, 用品, 作品	京 : 上京, 京畿道, 京仁線 市 : 市內, 市場, 市立	창작동화	소중한 지폐 한 장 1	한자 카드 쓰기보따리 형성평가
						고사성어	水魚之交	
						시	사랑스런 추억 – 윤동주	
	2	17a~32a	巨 具 各 曲	巨 : 巨人, 巨大, 巨木 各 : 各各, 各自, 各國	具 : 家具, 道具, 用具 曲 : 作曲, 曲線, 行進曲	창작동화	소중한 지폐 한 장 2	
						고사성어	他山之石	
						시	봄 – 빅토르 위고	
	3	33a~48a	可 由 原 因	可 : 可能, 可決, 不可能 原 : 原子力, 原因, 草原	由 : 自由, 由來, 理由 因 : 原因, 因果, 要因	창작동화	슬기로운 재판 1	
						고사성어	見物生心	
						시	절정 – 이육사	
	4	49a~64a	복습	복습		창작동화	슬기로운 재판 2	
						고사성어	漁夫之利	
						시	동방의 등불 – 타고르	
2집	5	65a~80a	同 求 失 反	同 : 同生, 同行, 合同 失 : 失手, 失明, 失言	求 : 求心力, 要求, 求人 反 : 反面, 反省, 反共	창작동화	닭이 사람과 함께 살게 된 이유 1	한자 카드 쓰기보따리 형성평가
						고사성어	五十步百步	
						시	접동새 – 김소월	
	6	81a~96a	告 共 首 民	告 : 忠告, 原告, 告白 首 : 自首, 首弟子, 首相	共 : 共同, 公共, 共生 民 : 市民, 國民, 民心	창작동화	닭이 사람과 함께 살게 된 이유 2	
						고사성어	登龍門	
						시	눈 내린 아침 – 이인로	
	7	97a~112a	元 先 年 回	元 : 元日, 元金, 元來 年 : 少年, 靑年, 一年	先 : 先生, 先山, 先王 回 : 一回用品, 河回, 回轉	창작동화	쇠를 먹는 쥐 1	
						고사성어	馬耳東風	
						시	눈 오는 저녁 – 김소월	
	8	113a~128a	복습	복습		창작동화	쇠를 먹는 쥐 2	
						고사성어	白眉	
						시	만돌이 – 윤동주	
3집	9	129a~144a	不 非 未 必	不 : 不足, 不公平, 不平 未 : 未安, 未來, 未完成	非 : 非行, 是非, 非常口 必 : 必要, 生必品, 不必要	창작동화	세 친구 1	한자 카드 쓰기보따리 형성평가
						고사성어	多多益善	
						시	삶이 그대를 속일지라도 – 푸슈킨	
	10	145a~160a	知 加 字 幸	知 : 知人, 知己, 告知 字 : 文字, 數字, 十字	加 : 加入, 加味, 加工 幸 : 多幸, 不幸, 幸福	창작동화	세 친구 2	
						고사성어	聞一知十	
						시	집 – 김영랑	
	11	161a~176a	表 形 味 香	表 : 表面, 表情, 表明 味 : 意味, 風味, 口味	形 : 人形, 三角形, 地形 香 : 香水, 香氣, 香	창작동화	꿀강아지 1	
						고사성어	知音	
						시	올벼 고개 숙이고 – 이현보	
	12	177a~192a	복습	복습		창작동화	꿀강아지 2	
						고사성어	竹馬故友	
						시	행복 – 한용운	
4집	13	193a~208a	星 軍 相 和	星 : 行星, 天王星, 北斗七星 相 : 首相, 人相, 色相	軍 : 軍人, 國軍, 軍士 和 : 平和, 和音, 共和國	창작동화	흰 코끼리의 전설	한자 카드 쓰기보따리 형성평가
						고사성어	千里眼	
						시	나그네의 밤 노래 – 괴테	
	14	209a~224a	單 別 命 祖	單 : 單元, 名單, 食單 命 : 生命, 人命, 命令	別 : 別名, 別世, 分別 祖 : 先祖, 祖上, 祖父母	창작동화	뱀이 기어 다니게 된 이유 1	
						고사성어	朝三暮四	
						시	말 없는 청산이오 – 성혼	
	15	225a~240a	居 章 異 再	居 : 住居, 居室, 同居 異 : 異常, 異意, 大同小異	章 : 文章, 圖章, 樂章 再 : 再生, 再活用, 再三	창작동화	뱀이 기어 다니게 된 이유 2	
						고사성어	一擧兩得	
						시	〈사랑〉을 사랑하여요 – 한용운	
	16	241a~256a	복습	복습		창작동화	뱀이 기어 다니게 된 이유 3	
						고사성어	溫故知新	
						시	삶의 아침인사 – 애너 리티셔 바볼드	

F단계 교재별 구성내용은 이렇습니다

◆ 기탄교과서한자 F단계 호별 학습 내용 및 부교재

집	호		학습 한자	학습 한자어		심화 영역		부교재
1집	1	1a~16a	仁 仙 信 休	仁: 仁川, 仁祖, 仁君 信: 信用, 自信, 信念	仙: 仙女, 水仙花, 仙人 休: 公休日, 休火山, 休息	창작동화	달밤에 얻은 행운 1	한자 카드 쓰기보따리 형성평가
						고사성어	天高馬肥	
						전래동화	빨간부채 파란부채	
	2	17a~32a	安 宅 官 容	安: 未安, 安心, 安全 官: 法官, 官家, 外交官	宅: 住宅, 自宅, 宅地 容: 容恕, 內容, 美容	창작동화	달밤에 얻은 행운 2	
						고사성어	大器晩成	
						전래동화	사만년을 산 사람	
	3	33a~48a	海 洋 漁 洗	海: 地中海, 東海, 海外 漁: 漁夫, 漁村, 出漁	洋: 東洋, 西洋, 海洋 洗: 洗手, 洗車, 洗面	창작동화	백일홍이야기 1	
						고사성어	孟母三遷	
						전래동화	소금을 만드는 맷돌	
	4	49a~64a	복습	복습		창작동화	백일홍이야기 2	
						고사성어	蛇足	
						전래동화	우렁각시	
2집	5	65a~80a	他 位 俗 保	他: 他人, 他地, 自他 俗: 民俗, 風俗, 世俗	位: 方位, 品位, 單位 保: 保全, 安保, 保有	창작동화	꾀 많은 장님 1	한자 카드 쓰기보따리 형성평가
						고사성어	梁上君子	
						전래동화	꼭두각시와 목도령	
	6	81a~96a	守 室 客 定	守: 守則, 保守, 守兵 客: 主客, 客室, 客地	室: 室內, 居室, 王室 定: 一定, 決定, 安定	창작동화	꾀 많은 장님 2	
						고사성어	良藥苦於口	
						전래동화	잊으라 한 건 안 잊고	
	7	97a~112a	林 村 材 校	林: 山林, 國有林, 竹林 材: 木材, 石材, 人材	村: 山村, 漁村, 民俗村 校: 下校, 校長, 校門	창작동화	바보 영웅 이야기 1	
						고사성어	座右銘	
						전래동화	반쪽이	
	8	113a~128a	복습	복습		창작동화	바보 영웅 이야기 2	
						고사성어	矛盾	
						전래동화	고양이와 푸른 구슬	
3집	9	129a~144a	決 洞 注 流	決: 決定, 決心, 可決 注: 注文, 注意, 注目	洞: 洞口, 洞長, 仁寺洞 流: 上流, 交流, 流行	창작동화	괴물 잡은 이발사	한자 카드 쓰기보따리 형성평가
						고사성어	同床異夢	
						전래동화	임자가 따로 있는 요술 궤짝	
	10	145a~160a	便 作 使 代	便: 便利, 便安, 大便 使: 使用, 天使, 使臣	作: 作心三日, 作用, 作品 代: 古代, 代表, 代身	창작동화	수수께끼 하나	
						고사성어	結草報恩	
						전래동화	배나무골 이도령	
	11	161a~176a	念 志 感 想	念: 信念, 記念, 一念 感: 共感, 自信感, 所感	志: 意志, 同志, 志士 想: 回想, 思想, 感想	창작동화	행운을 찾아다니는 사나이 1	
						고사성어	井中之蛙	
						전래동화	하늘 나라 밭 구경	
	12	177a~192a	복습	복습		창작동화	행운을 찾아다니는 사나이 2	
						고사성어	近墨者黑	
						전래동화	솜뭉치 꼬리가 된 토끼	
4집	13	193a~208a	計 記 語 詩	計: 時計, 合計, 生計 語: 用語, 國語, 言語	記: 日記, 記入, 記念 詩: 童詩, 詩人, 三行詩	창작동화	그림자 없는 탑 1	한자 카드 쓰기보따리 형성평가
						고사성어	有備無患	
						전래동화	은혜 갚은 까치	
	14	209a~224a	情 性 進 造	情: 人情, 友情, 心情 進: 行進, 進出, 先進國	性: 性品, 性質, 女性 造: 造成, 造形, 人造	창작동화	그림자 없는 탑 2	
						고사성어	走馬看山	
						전래동화	두 개가 된 금덩이	
	15	225a~240a	始 好 雲 雪	始: 始作, 元始, 始祖 雲: 星雲, 白雲, 靑雲	好: 同好人, 好意, 好感 雪: 白雪, 雪景, 雪山	창작동화	그림자 없는 탑 3	
						고사성어	螢雪之功	
						전래동화	구렁이 신랑	
	16	241a~256a	복습	복습		창작동화	그림자 없는 탑 4	
						고사성어	苦盡甘來	
						전래동화	바리공주	

구성내용

G단계 교재별 구성내용은 이렇습니다

◆ 기탄교과서한자 G단계 호별 학습 내용 및 부교재

집	호		학습 한자	학습 한자어	심화 영역		부교재
1집	1	1a~16a	果實夫婦美	果:成果, 果實, 靑果, 無花果 實:行實, 實力, 實生活, 口實 夫:工夫, 夫子, 夫人, 漁夫 婦:主婦, 夫婦, 婦人, 婦女子 美:美化員, 美國人, 美人, 美化	인물	마크 트웨인	한자 카드 쓰기보따리 형성평가
					창작동화	소가 골라준 새 신랑 1	
					고사성어	改過遷善	
					기사문	돈 더 버는 아내 집안일 더 한다	
	2	17a~32a	重要活動得	重:重要, 所重, 貴重, 重大 要:必要, 主要, 要求, 要所 活:活用, 生活, 活字, 活力 動:活動, 行動, 動力, 動作 得:所得, 利得, 得失	인물	어네스트 톰슨 시튼	
					창작동화	소가 골라준 새 신랑 2	
					고사성어	錦衣還鄕	
					기사문	컬러식품 좋아좋아	
	3	33a~48a	夜景成功者	夜:夜食, 白夜, 夜光, 夜行 景:風景, 光景, 山景, 雪景 成:成長, 作成, 合成, 完成 功:成功, 功臣, 年功, 功力 者:記者, 富者, 步行者, 老弱者	인물	에디슨	
					창작동화	소가 골라준 새 신랑 3	
					고사성어	管鮑之交	
					기사문	日 간사이 5색 체험관광	
	4	49a~64a	복습	복습	인물	퀴리부인	
					창작동화	소가 골라준 새 신랑 4	
					고사성어	刻舟求劍	
					기사문	재교육기관 노크 해보자	
2집	5	65a~80a	時間空氣集	時:日時, 時代, 同時, 時計 間:人間, 山間, 時間, 中間 空:空中, 空間, 空册, 空想 氣:空氣, 香氣, 日氣, 大氣 集:文集, 集中, 詩集, 集合	인물	장영실	한자 카드 쓰기보따리 형성평가
					창작동화	거짓말 시합 1	
					고사성어	刮目相對	
					기사문	귀성길 차 안에서 게임 한판	
	6	81a~96a	現在協商事	現:表現, 現金, 現地, 出現 在:現在, 所在, 在京, 在來 協:協同, 協力, 協心, 協定 商:商人, 商品, 商去來, 協商 事:人事, 行事, 工事, 記事	인물	록펠러	
					창작동화	거짓말 시합 2	
					고사성어	吳越同舟	
					기사문	폴크스바겐 노·사 대협상	
	7	97a~112a	社會技能部	社:社長, 會社, 社交, 入社 會:大會, 社會, 面會, 立會 技:長技, 技法, 技術, 技能 能:技能, 能力, 可能, 才能 部:部分, 一部分, 外部, 一部	인물	콜럼버스	
					창작동화	말 잘 듣는 효자 1	
					고사성어	羊頭狗肉	
					기사문	국가중대사 국민합의가 필요	
	8	113a~128a	복습	복습	인물	앙리 뒤낭	
					창작동화	말 잘 듣는 효자 2	
					고사성어	完璧	
					기사문	시동 걸면 주행정보 쫙~	
3집	9	129a~144a	問答登場省	問:問安, 問題, 反問 答:問答, 答信, 正答, 回答 登:登山, 登校, 登用 場:市場, 工場, 入場, 場面 省:反省, 自省, 省墓	인물	리스트	한자 카드 쓰기보따리 형성평가
					창작동화	냄새 맡은 값 1	
					고사성어	指鹿爲馬	
					기사문	침체의 잠에 취한 라인강의 기적	
	10	145a~160a	春夏秋冬溫	春:春川, 春香, 立春, 靑春 夏:立夏, 春夏, 夏至 秋:秋夕, 秋風, 春秋 冬:冬至, 立冬, 春夏秋冬 溫:氣溫, 溫室, 溫水	인물	김홍도	
					창작동화	냄새 맡은 값 2	
					고사성어	塞翁之馬	
					기사문	스키장 잘 넘어져야 안 다친다	
	11	161a~176a	貴愛病死敬	貴:貴重, 高貴, 富貴, 貴人 愛:友愛, 愛國, 愛人, 愛犬 病:問病, 白血病, 病室, 病名 死:生死, 死亡者, 不死身, 病死 敬:恭敬, 敬老, 敬老席, 敬語	인물	안중근	
					창작동화	아버지의 유서 1	
					고사성어	難兄難弟	
					기사문	은행나무 천국 부석사 가는길	
	12	177a~192a	복습	복습	인물	황희	
					창작동화	아버지의 유서 2	
					고사성어	四面楚歌	
					기사문	서울과 워싱턴 마음을 열 때다	
4집	13	193a~208a	物件發電書	物:古物, 文物, 人物 件:物件, 事件, 用件 發:發生, 出發, 發明, 發見 電:電力, 電子, 電車, 電氣 書:文書, 古書, 書名	인물	벤자민 프랭클린	한자 카드 쓰기보따리 형성평가
					창작동화	선행과 쾌락 1	
					고사성어	三顧草廬	
					기사문	대한민국은 배달천국	
	14	209a~224a	高低苦樂朝	高:高音, 高溫, 高貴, 高見 低:低溫, 低下, 低利, 低學年 苦:苦生, 苦心, 苦行 樂:音樂, 安樂, 樂山 朝:王朝, 朝夕, 朝會	인물	루소	
					창작동화	선행과 쾌락 2	
					고사성어	脣亡齒寒	
					기사문	중소기업 그곳에도 길이 있다	
	15	225a~240a	眞理學習賞	眞:眞情, 眞空, 眞心 理:心理, 原理, 眞理, 一理 學:學年, 學生, 入學, 見學 習:學習, 風習, 自習 賞:賞品, 孝行賞, 大賞, 賞金	인물	전봉준	
					창작동화	아가씨와 우유 1	
					고사성어	守株待兎	
					기사문	들리지 눈 쌓은 숲 생명의 소리	
	16	241a~256a	복습	복습	인물	뢴트겐	
					창작동화	아가씨와 우유 2	
					고사성어	臥薪嘗膽	
					기사문	물건값 계산 · 약도 그리기 …	

학부모 여러분, 〈기탄한자〉는 이렇게 지도해 주세요

1 학습자의 능력보다 낮은 단계에서 시작하세요.
기탄한자 A~G단계는 기초 한자부터 초등학교 교과서에 쓰인 한자어를 학습하는 프로그램입니다. 한글을 아는 유아에서부터 한자 학습의 경험이 있는 초등학교 6학년 학생을 대상으로 개발되었습니다. 그러나 한자 학습의 경험이 있는 아이라도, 학습자의 경험이나 능력보다 낮은 단계에서 시작하는 것이 바람직합니다. 특히 각 단계의 1집부터 순차적으로 학습해 나가는 것은 매우 중요합니다. 간혹 학부모님의 판단에 따라 단계의 생략은 가능하지만 2, 3집부터 시작하는 것은 옳지 않은 진도 진행입니다. 아이가 학습에 부담을 느끼지 않고 한자 공부는 쉽고 재미있다는 느낌을 가질 수 있도록 A단계 1집에서부터 시작하는 것이 가장 이상적인 출발점입니다.

2 복습호는 반드시 부모님이 함께 해 주세요.
각 집(권)마다 앞서 배운 한자의 복습호가 구성되어 있습니다. 복습호에서는 항상 형성평가를 실시하여 학습 수용도를 점검합니다. 이 때 부모님이 반드시 채점을 해 주시고, 결과에 따라 적절한 칭찬과 동기유발이 필요합니다. 또 복습주마다 구성된 놀잇감(A~D단계)으로 아이와 함께 놀아 주세요.

3 교재 구입 즉시 분책하여 사용하세요.
〈기탄한자〉는 구입 즉시 분책하여 사용할 수 있도록 매주 학습할 분량이 별도의 책으로 특수제본(4in1시스템)되어 있습니다. 보통 책은 1번 제본하는 것으로 끝나지만 〈기탄한자〉는 무려 5번의 제본 과정을 거쳐 제작되었습니다. 각 호가 끝날 때마다 새 책으로 공부하게 되므로 아이에게 성취감과 기대감을 갖게 하고 학습 효과도 극대화시켜 줍니다.

4 매일 일정한 시간에 규칙적으로 학습하게 하세요.
하루 5~10분을 학습하더라도 규칙적으로 학습하는 것이 중요합니다. 1호 분량이 1주일(5일) 학습 분량이므로 한 번에 억지로 하지 않게 하고, 반대로 너무 많은 양을 한꺼번에 하는 것도 좋지 않습니다. 어렸을 때부터 조금씩 매일 매일 공부하는 습관을 길러 주도록 합니다.

5 부모님이 직접 지도해 주세요.
〈기탄한자〉는 교사 방문 학습지와는 달리 아이 스스로 공부하고 부모님이 체크하는 자율적인 학습 모델을 채택하고 있습니다. 따라서 타 학습지 회사에서는 지도교사에게만 제공하는 지도 지침을 해당 호에 상세히 실었습니다. 각 호의 첫 장에 실린 '이렇게 도와주세요', '이번 주 학습포인트'에서는 한 주 동안의 지도 요점이 기재되어 있고, 각 페이지의 하단에도 지도 요점, 주의 사항 등을 기재하였습니다. 학부모님들이 〈기탄한자〉의 기획의도, 학습목표, 지도방법 등을 쉽게 이해하고 아이들에게 가르치기 편하도록 최대한 배려하였습니다.

6 이미 익힌 한자는 아이가 실생활 속에서 활용하게 하세요.
아이가 이미 익힌 한자는 실생활 속에서 최대한 많은 사용 기회를 갖게 해 줍니다. 알았던 한자도 오랫동안 사용하지 않으면 잊혀지게 됩니다. 학습된 한자를 신문, 책, 대중매체, 인쇄물 등을 활용하여 확인하게 하고 글을 쓸 때 알고 있는 한자로 표현해 볼 기회를 자주 갖도록 합니다.

단계별 학습 한자와 한자능력검정시험 급수 배정 안내

단계	학습 한자	급수 응시 가이드
A단계	• 8급 : 山, 日, 月, 火, 水, 木, 金, 土, 一, 二, 三, 四, 五, 六, 七, 八, 九, 十, 人, 大, 小, 中 • 7급 : 川, 百, 千, 口, 手, 足, 力, 上, 下 • 6급·6급Ⅱ : 目, 石　• 5급 : 耳　• 4급Ⅱ : 田, 玉	A단계에서는 상형자, 지사자 중심의 기초한자 36자를 익혔습니다. 이는 한자능력검정시험 배정한자 중 **8급, 7급 배정한자 31자**와 **상위급수 한자 5자**가 포함됩니다. 학습자의 학년, 나이, 학습수용도에 따라 **8급, 7급 이내**에서 응시용 수험서(기탄급수한자 빨리따기)로 준비한 후 자격증 취득에 도전해 보세요.
B단계	• 8급 : 父, 母, 生, 門, 王, 白, 女 • 7급 : 子, 心, 車, 自, 工, 主, 里, 草, 花, 男, 夕, 面 • 6급·6급Ⅱ : 身, 風　• 5급 : 牛, 士, 己, 魚, 雨, 馬 • 4급Ⅱ : 羊, 鳥, 竹, 齒　• 4급 : 犬, 册, 舌 • 3급Ⅱ : 刀　• 3급 : 貝	B단계에서는 상형자, 지사자 중심의 기초한자 36자를 익혔습니다. 이는 A단계 학습 한자부터 누적하면 한자능력검정시험 배정한자 중 **8급, 7급 배정한자 50자**와 **상위급수 한자 22자**가 포함됩니다. 학습자의 학년, 나이, 학습수용도에 따라 **8급, 7급 이내**에서 응시용 수험서(기탄급수한자 빨리따기)로 준비한 후 자격증 취득에 도전해 보세요.
C단계	• 8급 : 兄, 弟, 外 • 7급 : 文, 少, 出, 入, 內, 來, 立, 天, 地, 江, 食, 方, 左, 右 • 6급·6급Ⅱ : 言, 才, 交, 多, 光, 明, 行, 角, 古, 今, 衣, 向, 本, 分, 合 • 5급 : 化, 友, 去, 河, 臣, 兵, 卒, 末 • 4급Ⅱ : 血, 肉, 步, 毛, 蟲　• 4급 : 君　• 3급Ⅱ : 坐, 皮	C단계에서는 형성자, 회의자를 중심으로 48자의 기초한자를 익혔습니다. 이는 A단계 학습 한자부터 누적하면 한자능력검정시험 배정한자 중 **7급 배정한자 67자, 6급·6급Ⅱ 배정한자 86자**와 **상위급수 한자 34자**를 익혔습니다. 학습자의 학년, 나이, 학습수용도에 따라 **7급, 6급·6급Ⅱ 이내**에서 응시용 수험서(기탄급수한자 빨리따기)로 준비한 후 자격증 취득에 도전해 보세요.
D단계	• 8급 : 靑, 長, 國, 東, 西, 南, 北 • 7급 : 色, 住, 所, 姓, 名, 有, 平, 老, 正, 直, 孝, 前, 後, 道, 全, 世, 家 • 6급·6급Ⅱ : 音, 利, 用, 公, 意, 弱, 短, 界, 聞, 童 • 5급 : 赤, 無, 思, 止, 法, 完, 善, 惡, 見, 兒 • 4급Ⅱ : 貧, 富, 忠, 走	D단계에서는 형성자, 회의자를 중심으로 48자의 기초한자를 익혔습니다. 이는 A단계 학습 한자부터 누적하면 한자능력검정시험 배정한자 중 **7급 배정한자 91자, 6급·6급Ⅱ 배정한자 120자**와 **상위급수 한자 48자**를 익혔습니다. 학습자의 학년, 나이, 학습수용도에 따라 **7급, 6급·6급Ⅱ 이내**에서 응시용 수험서(기탄급수한자 빨리따기)로 준비한 후 자격증 취득에 도전해 보세요.
E단계	• 8급 : 寸, 民, 先, 年, 軍　• 7급 : 市, 同, 不, 字, 命, 祖 • 6급·6급Ⅱ : 京, 各, 由, 失, 反, 共, 幸, 表, 形, 和, 別, 章 • 5급 : 品, 具, 曲, 可, 原, 因, 告, 首, 元, 必, 知, 加, 相, 再 • 4급Ⅱ : 求, 回, 非, 未, 味, 香, 星, 單　• 4급 : 巨, 居, 異	E단계에서는 형성자, 회의자를 중심으로 48자의 필수한자를 익혔습니다. 이는 A단계 학습 한자부터 누적하면 한자능력검정시험 배정한자 중 **7급 배정한자 102자, 6급·6급Ⅱ 배정한자 143자**와 **상위급수 한자 73자**를 익혔습니다. 학습자의 학년, 나이, 학습수용도에 따라 **6급·6급Ⅱ, 5급 이내**에서 응시용 수험서(기탄급수한자 빨리따기)로 준비한 후 자격증 취득에 도전해 보세요.
F단계	• 8급 : 室, 校　• 7급 : 休, 安, 海, 林, 村, 洞, 便, 記, 語 • 6급·6급Ⅱ : 信, 洋, 定, 注, 作, 使, 代, 感, 計, 始, 雪 • 5급 : 仙, 宅, 漁, 洗, 他, 位, 客, 材, 決, 流, 念, 情, 性, 雲 • 4급Ⅱ : 官, 容, 俗, 保, 守, 志, 想, 詩, 進, 造, 好 • 4급 : 仁	F단계에서는 형성자, 회의자를 중심으로 48자의 필수한자를 익혔습니다. 이는 A단계 학습 한자부터 누적하면 한자능력검정시험 배정한자 중 **7급 배정한자 113자, 6급·6급Ⅱ 배정한자 165자**와 **상위급수 한자 99자**를 익혔습니다. 학습자의 학년, 나이, 학습수용도에 따라 **6급·6급Ⅱ, 5급 이내**에서 응시용 수험서(기탄급수한자 빨리따기)로 준비한 후 자격증 취득에 도전해 보세요.
G단계	• 8급 : 學 • 7급 : 夫, 重, 活, 動, 時, 間, 空, 氣, 事, 問, 答, 登, 場, 春, 夏, 秋, 冬, 物, 電 • 6급·6급Ⅱ : 果, 美, 夜, 成, 功, 者, 集, 現, 在, 社, 會, 部, 省, 溫, 愛, 病, 死, 發, 書, 高, 苦, 樂, 朝, 理, 習 • 5급 : 實, 要, 景, 商, 技, 能, 貴, 敬, 件, 賞 • 4급Ⅱ : 婦, 得, 協, 低, 眞	G단계에서는 형성자, 회의자를 중심으로 60자의 필수한자를 익혔습니다. 이는 A단계 학습 한자부터 누적하면 한자능력검정시험 배정한자 중 **7급 배정한자 133자, 6급·6급Ⅱ 배정한자 210자**와 **상위급수 한자 114자**를 익혔습니다. 학습자의 학년, 나이, 학습수용도에 따라 **6급·6급Ⅱ, 5급 이내**에서 응시용 수험서(기탄급수한자 빨리따기)로 준비한 후 자격증 취득에 도전해 보세요.

※ 이 표는 기탄한자 학습 후 한자능력검정시험 자격증 취득의 연계를 위한 지침입니다. 학습자의 학습경험이나 상태에 따라 개별적인 지침이 달라질 수 있습니다.

1호

기탄 한자 B단계 1집 **1a~12a**

4 in 1 시스템

기탄한자는 학습효과를 극대화하기 위해 매주 학습할 분량이 별도의 책으로 특수제본되어 있습니다.

본 교재는 1권의 책 속에 1주일 학습할 분량의 교재 4권이 들어 있는 4 in 1 시스템으로 제본되어 있습니다. 따라서 4권의 책으로 분리되는 것이 정상적인 제본이며, 호별로 빼내어 학습하시면 아주 효과적입니다.

그림으로 익히고 놀이로 기억하는 입체 한자 학습 프로그램

기탄®한자

B1집
1호
1a-12a

공부한 날　월　일 ~ 　월　일
　　　　(원)교　　　　반
이름　　　　전화

www.gitan.co.kr

기초 탄탄한 교육·기초 탄탄한 학습
기탄교육

 ## B단계에서 배울 한자입니다.

B단계							
1집	犬, 牛, 羊	2집	車, 士, 己	3집	魚, 貝, 鳥	4집	草, 花, 馬
	父, 母, 子		自, 工, 門		主, 册, 雨		男, 女, 夕
	生, 心, 身		刀, 王, 白		風, 里, 竹		舌, 齒, 面
	복습		복습		복습		복습

※ 매주마다 학습한 한자를 누적하여 읽어 보세요.

학습진단관리표

	훈음 읽기	훈음 쓰기	한자 쓰기	한자어 읽기	이번 주는?			
금주평가	Ⓐ 아주 잘함	Ⓐ 아주 잘함	Ⓐ 아주 잘함	Ⓐ 아주 잘함	● 학습방법	❶ 매일매일	❷ 가끔	❸ 한꺼번에 하였습니다.
	Ⓑ 잘함	Ⓑ 잘함	Ⓑ 잘함	Ⓑ 잘함	● 학습태도	❶ 스스로 잘	❷ 시켜서 억지로 하였습니다.	
	Ⓒ 보통	Ⓒ 보통	Ⓒ 보통	Ⓒ 보통	● 학습흥미	❶ 재미있게	❷ 싫증내며 하였습니다.	
	Ⓓ 노력해야 함	Ⓓ 노력해야 함	Ⓓ 노력해야 함	Ⓓ 노력해야 함	● 교재내용	❶ 적합하다고	❷ 어렵다고	❸ 쉽다고 하였습니다.
	지도 교사가 부모님께				부모님이 지도 교사께			

종합평가	Ⓐ 아주 잘함	Ⓑ 잘함	Ⓒ 보통	Ⓓ 노력해야 함

B1집 1a-12a

이번 주에는 犬 (개 견), 牛 (소 우), 羊 (양 양)을 배워요.

이렇게 **도와** 주세요

1 일차 1a~2b
- A단계에서 학습한 上, 中, 下의 3요소를 복습합니다.
- B단계에서 시작한 경우 上, 中, 下의 3요소 학습을 엄마가 도와 줍니다.
- 동화를 읽고 犬, 牛, 羊의 개념을 이야기해 봅니다.

2 일차 3a~5b
- 개, 소, 양의 동물 모양과 연관하여 한자의 모양을 익히면 이해하기 쉽습니다.
- 犬과 大(큰 대), 太(클 태)의 모양을 구별하도록 합니다.

3 일차 6a~7b
- 6a는 한자의 뜻을 그림으로 나타낸 그림 한자와 정자체 한자를 연결하고, 뜻, 소리를 익히도록 합니다.
- 7a는 점을 연결하여 한자를 만들고, 필순에 맞게 다시 써 봅니다.

4 일차 8a~9b
- 자원 알기, 그림 속 한자 쓰기, 규칙에 따른 3요소 알기 등을 통한 다양한 방법으로 한자를 흥미롭게 학습합니다.

5 일차 10a~12a
- 犬, 牛, 羊 학습을 마무리하고 한자 보따리와 재미로 놀기를 통하여 흥미를 느끼게 지도합니다.
- 한자 카드는 고리에 끼워서 모아 두고 매일 잠깐씩 보여 줍니다.

다시 보기

✏️ 그림 한자의 뜻과 소리를 쓰세요.

뜻: 위   소리: 상

뜻: 소리:

뜻: 소리:

● 그림 한자에서 사다리 위의 쥐, 테이블 아래의 고양이, 나무 통 가운데의 애벌레 등 뜻이 되는 요소를 먼저 찾도록 합니다.

알맞은 한자를 찾아 ◯하세요.

들어가기

어떤 한자를 배울까요? 동화를 읽고 스티커를 붙여 알아보세요.

동물 농장

동물 농장에 왔어요.
소(牛)는 졸리워서 음매음매

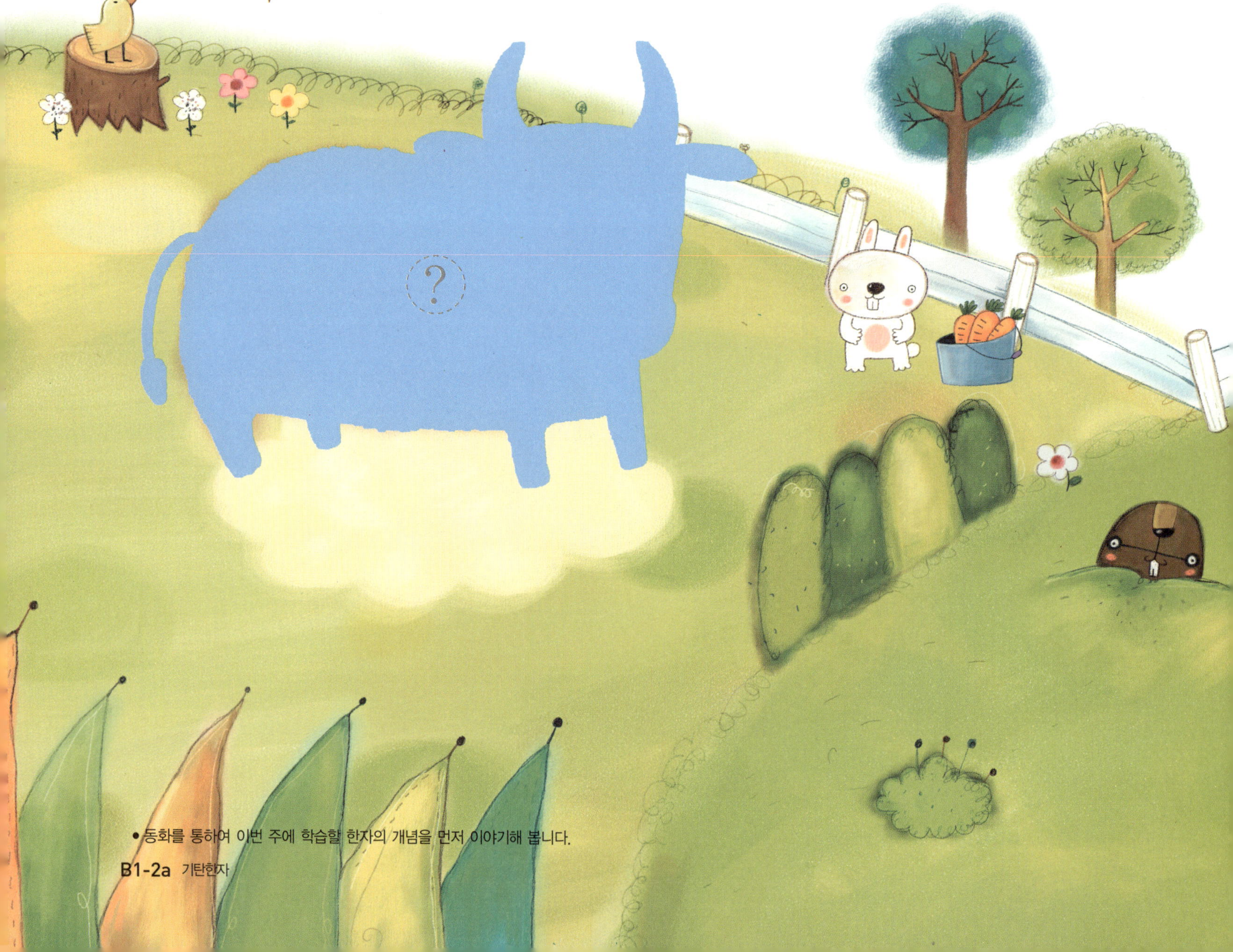

🔊 빈 곳에 알맞은 스티커를 붙이고 한자의 뜻과 소리를 읽어 보세요.

뜻 : 개   소리 : 견

📝 犬이 만들어진 유래를 알아보고 한자 스티커를 붙이세요.

개(犬)가 옆을 보고 있는 모양을 본떠 만든 한자입니다.

✏️ 순서대로 써 보세요.

• 犬과 모양이 유사한 한자인 大(큰 대)와 太(클 태)에 유의합니다. 점의 위치와 유무에 따라서 전혀 다른 한자가 됩니다.

- 犬의 뜻, 소리, 모양을 쓰세요.

  - 犬의 뜻은 ____개____ 입니다.
  - 犬의 소리는 ____견____ 입니다.
  - 개 견의 모양은 ____犬____ 입니다.

- ? 에 스티커를 붙이고 犬이 쓰인 한자어를 익혀 보세요.

충 ? : 주인에게 충직한 개

애 ? : 개를 사랑함, 귀여워하며 기르는 개

- 필순에 맞게 犬을 써 보세요.

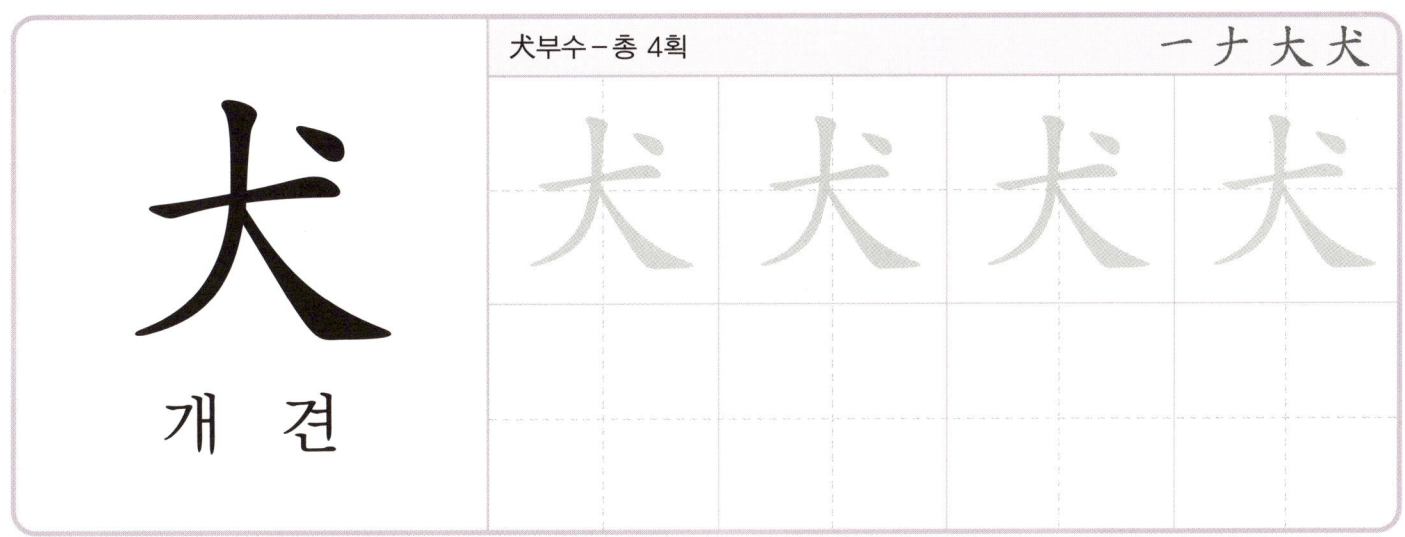

犬부수 - 총 4획   一 ナ 大 犬

犬
개 견

- B단계에서 시작한 경우 '개 견' 하고 붙여서 말하기 보다는 "뜻은 뭘까?", "소리는 뭘까?" 하고 뜻과 소리를 분리하는 연습을 합니다.

牛 알아보기

🔊 빈 곳에 알맞은 스티커를 붙이고 한자의 뜻과 소리를 읽어 보세요.

뜻: 소   소리: 우

📖 牛가 만들어진 유래를 알아보고 한자 스티커를 붙이세요.

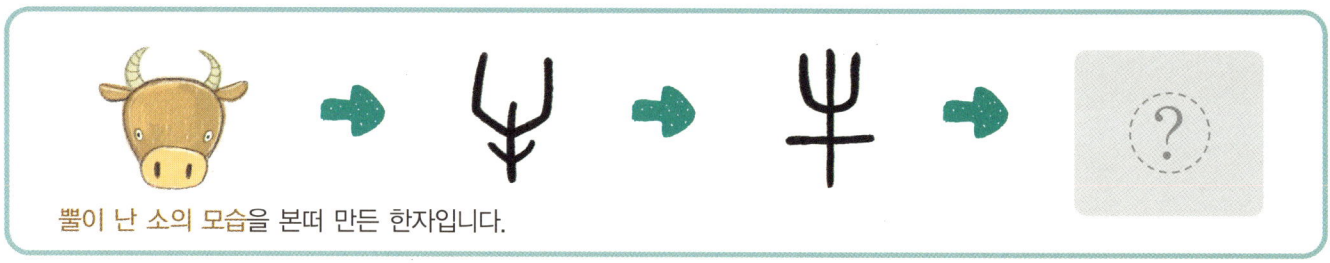

뿔이 난 소의 모습을 본떠 만든 한자입니다.

✏️ 순서대로 써 보세요.

● 牛의 쓰기에서 세로획이 짧으면 午(낮 오)가 되니 유의하여 씁니다.

- 牛의 뜻, 소리, 모양을 쓰세요.

  • 牛의 뜻은 _____ 입니다.

  • 牛의 소리는 _____ 입니다.

  • 소 우의 모양은 _____ 입니다.

- ? 에 스티커를 붙이고 牛가 쓰인 한자어를 익혀 보세요.

? 유 : 암소의 젖

? 마차 : 소나 말이 끄는 수레

- 필순에 맞게 牛를 써 보세요.

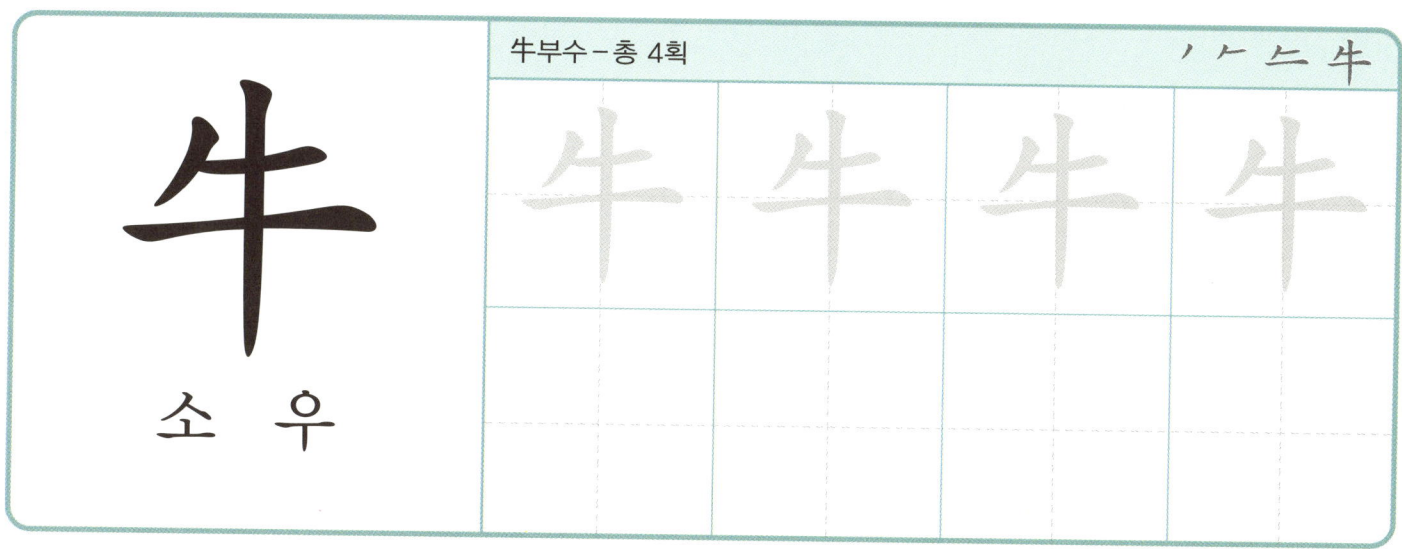

牛부수 - 총 4획

- 牛가 들어가는 여러 가지 다른 한자어도 이야기해 봅니다. (예 : 한우, 육우, 우시장 …)

 羊 알아보기

🔊 빈 곳에 알맞은 스티커를 붙이고 한자의 뜻과 소리를 읽어 보세요.

뜻: **양**   소리: **양**

📝 羊이 만들어진 유래를 알아보고 한자 스티커를 붙이세요.

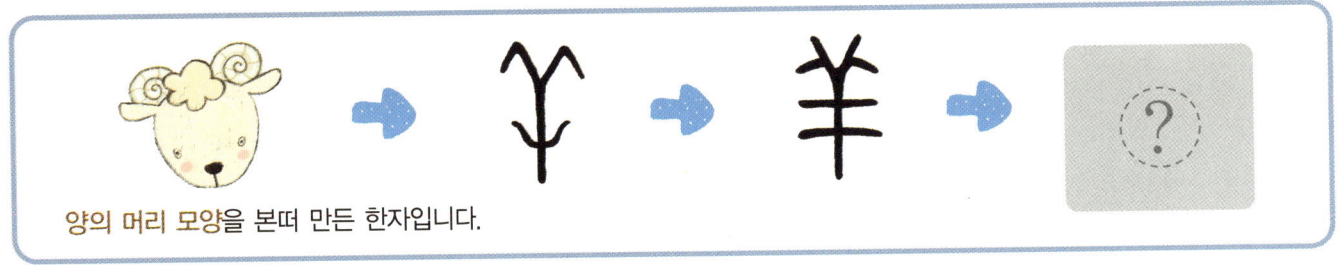

양의 머리 모양을 본떠 만든 한자입니다.

✏️ 순서대로 써 보세요.

● 羊의 모양에서 ╲╱을 양의 뿔과 관련지어 설명하면 기억하기 쉽습니다.

📝 羊의 뜻, 소리, 모양을 쓰세요.

- 羊의 뜻은 _____ 입니다.
- 羊의 소리는 _____ 입니다.
- 양 양의 모양은 _____ 입니다.

📄 ❓에 스티커를 붙이고 羊이 쓰인 한자어를 익혀 보세요.

❓ 모 : 양의 털

백 ❓ : 흰 양

📝 필순에 맞게 羊을 써 보세요.

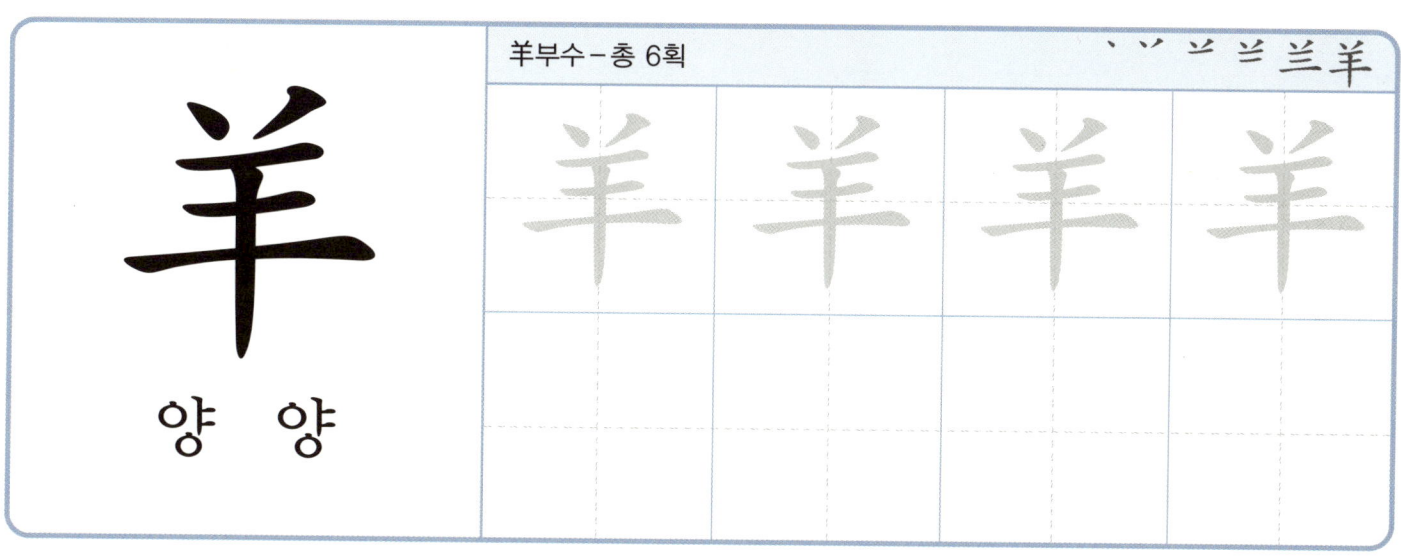

羊
양 양

羊부수 - 총 6획

- 한자의 3요소가 익숙하지 않은 경우 '훈음(訓音)'이라는 용어보다는 '뜻소리'라는 용어로 지도합니다.

 다지기

같은 한자끼리 연결하고, 뜻과 소리를 쓰세요.

犬　大　牛　人　羊

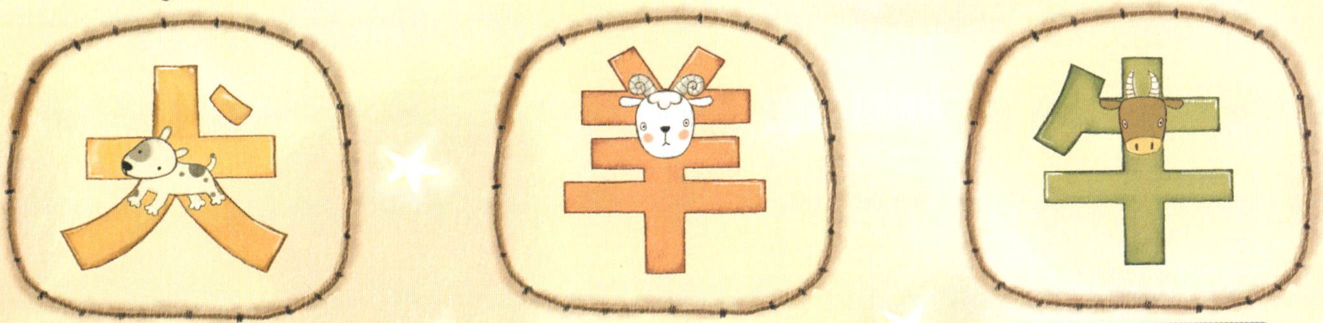

개 견

한자의 뜻과 소리를 바르게 찾아가세요.

• 犬, 牛, 羊의 뜻, 소리, 모양을 단순한 쓰기 반복이 아닌 미로찾기를 통한 놀이 학습으로 익히도록 합니다.

같은 색의 점끼리 이어 보고 뜻과 소리를 쓰세요.

뜻 :   소리 :

뜻 :   소리 :

• 같은 색의 점을 연결하여 한자의 모양을 만들면서 흥미와 추리력을 기르게 합니다.

한자의 뜻과 소리를 찾아 알맞은 것에 ◯하세요.

犬
- (개 견)
- 소 우
- 큰 대

牛
- 양 양
- 개 견
- 소 우

羊
- 양 양
- 소 우
- 개 견

• 犬, 牛, 羊의 뜻과 소리를 여러 가지 훈음 중에서 바르게 찾아 3요소를 익힙니다.

빈 칸에 알맞은 한자를 쓰세요.

그림 속에 있는 한자를 모두 찾아 ○하고, 빈 칸에 알맞게 쓰세요.

개 견	소 우	양 양
犬		

• 별로 이루어진 한자를 찾아보고 정자체의 한자를 씁니다.

같은 한자를 따라가 뜻과 소리를 쓰세요.

뜻 : 양
소리 : 양

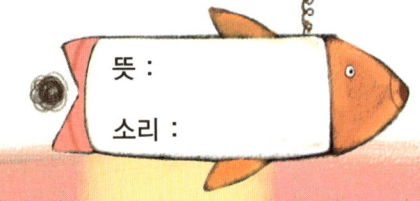
뜻 :
소리 :

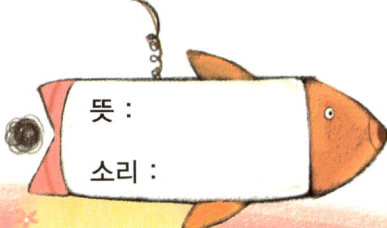
뜻 :
소리 :

● 해당 한자를 따라가면서 한자의 모양을 각인시키고 다른 한자와의 분별력을 높입니다.

빈 칸에 한자, 뜻, 소리를 알맞게 쓰세요.

犬	개	견	犬	개	견
牛	소		牛	소	우
	양	양	羊		양
犬		견	犬	개	견
	소		牛	소	우
羊		양	羊	양	양

- 한자의 3요소를 완벽히 알 수 있도록 한자 ➡ 뜻 ➡ 소리의 규칙에 적용하여 3요소를 익힙니다.

 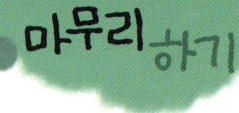하기

빈 칸에 뜻과 소리를 쓰고 필순에 맞게 한자를 쓰세요.

犬	犬				
뜻: 개 소리: 견	一 ナ 大 犬				
牛	牛				
뜻: 소리:	丿 ㇑ 二 牛				
羊	羊				
뜻: 소리:	丶 丷 ㇀ 半 ㅑ 羊				

● 이번 주에 익힌 犬, 牛, 羊의 3요소를 마무리합니다.

육서1-상형(象形)

사물의 모양을 본떠 만들었어요.

아주 옛날에는 문자 즉 글자가 없었습니다.
그래서 자신의 생각을 멀리 있는 사람에게 전하거나, 사냥한 돼지의 수를 기록하려 할 때 표현할 길이 없어 불편을 느꼈습니다.
그러자 옛날 사람들은 그림을 그려서 자신이 나타내고자 하는 뜻을 표현하게 되었습니다.

즉, **사물의 모양을 간단하게 그림으로 그려서 문자를 만들게 되었습니다.**
오랜 세월 동안 그 모양이 변하여 만들어진 것이 오늘날의 한자 모양입니다.
예를 들면 다음과 같은 한자들입니다.

☀ → ⊡ → ⊡ → 日 (날/해 일)

🌙 →) →) → 月 (달 월)

🐦 → 🐦 → 🐦 → 鳥 (새 조)

🐴 → 馬 → 馬 → 馬 (말 마)

이렇게 사물의 모양을 본떠 한자를 만드는 것을 상형(象形)이라고 합니다.　－계속－

B1집 1a-12a

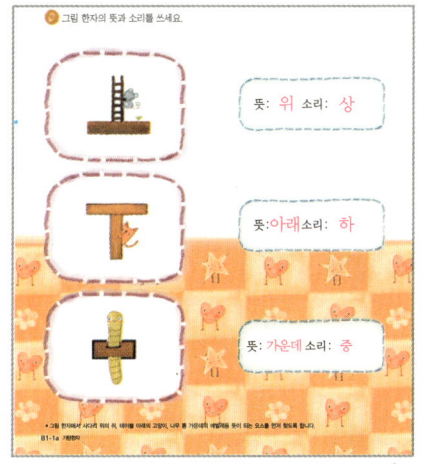
1a

1b

2a

2b

3a

3b

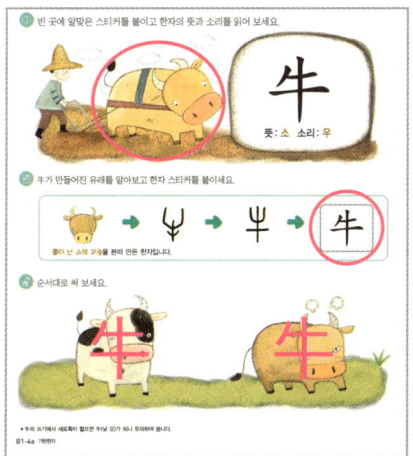
4a

4b

5a

기탄한자 B1-11b

5b

6a

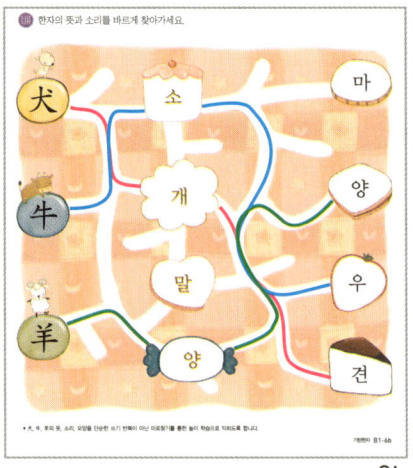
6b

7a

7b

8a

8b

9a

9b

犬

牛

羊

牛
소 우

犬
개 견

犬	개	견
牛	소	우
羊	양	양

羊
양 양

忠犬

牛馬車

白羊

忠犬

牛馬車

白羊

우마차
소나 말이 끄는 수레

牛:소 우 馬:말 마
車:수레 거/차

충견
주인에게 충직한 개

忠:충성 충 犬:개 견

 충견

 우마차

 백양

백양
흰 양

白:흰 백 羊:양 양

소 우

양 양

犬

犬 犬

개 견

牛

羊

牛 牛

羊 羊

재미로 놀기

✏️ 점선을 따라 접어서 만들어지는 한자의 뜻과 소리를 쓰세요.

犬

뜻:　　소리:

牛

뜻:　　소리:

밖으로 접는 선　　안으로 접는 선

펴낸이 : 정지향
펴낸곳 : (주)기탄교육
기획·편집·디자인 : 기탄교육연구소
주소 : 06698 서울특별시 서초구 효령로 40 기탄출판센터
등록 : 제2000-000098호
전화 : (02) 586-1007
팩스 : (02) 586-2337

※서점에 갈 시간이 없거나 구하기 어려운 분은 인터넷 또는 전화로 신청하세요. 즉시 우송해 드립니다.
● www.gitan.co.kr

ⓒ (주)기탄교육 All rights reserved.
저작권자의 동의 없이 본 교재를 무단으로 복제하거나 전재하는 것을 금합니다.

• 한자 카드 이렇게 놀아 주세요. ①

번갈아 말하기

한자는 소리글자인 한글과는 달리 뜻글자입니다. 각자 저마다의 뜻과 소리와 모양이 따로 있습니다.
어른들은 당연하다고 생각하지만 한자를 처음 접하는 아이들이 익숙해질 수 있도록 같이 놀아 주세요.

1 한자 카드를 모아서 엄마와 아이가 가위바위보를 해요.

2 이긴 사람이 뜻이나 소리를 먼저 말해요.

3 진 사람은 받아서 다른 요소를 이야기 해요.

• 준비물 – 한자 카드

1호에서 배운 한자를 다시 한번 써 보세요.

犬	犬	犬	犬	犬	犬
개 견					

牛	牛	牛	牛	牛	牛
소 우					

羊	羊	羊	羊	羊	羊
양 양					

2 호

기탄한자 B단계 1집 13a~24a

 ## B단계에서 배울 한자입니다.

	B단계							
1집	犬, 牛, 羊	2집	車, 士, 己	3집	魚, 貝, 鳥	4집	草, 花, 馬
	父, 母, 子		自, 工, 門		主, 册, 雨		男, 女, 夕
	生, 心, 身		刀, 王, 白		風, 里, 竹		舌, 齒, 面
	복습		복습		복습		복습

※ 매주마다 학습한 한자를 누적하여 읽어 보세요.

학습진단 관리표

	훈음 읽기	훈음 쓰기	한자 쓰기	한자어 읽기	이번 주는?
금주평가	Ⓐ 아주 잘함	Ⓐ 아주 잘함	Ⓐ 아주 잘함	Ⓐ 아주 잘함	● 학습방법 ❶ 매일매일 ❷ 가끔 ❸ 한꺼번에 하였습니다.
	Ⓑ 잘함	Ⓑ 잘함	Ⓑ 잘함	Ⓑ 잘함	● 학습태도 ❶ 스스로 잘 ❷ 시켜서 억지로 하였습니다.
	Ⓒ 보통	Ⓒ 보통	Ⓒ 보통	Ⓒ 보통	● 학습흥미 ❶ 재미있게 ❷ 싫증내며 하였습니다.
	Ⓓ 노력해야 함	Ⓓ 노력해야 함	Ⓓ 노력해야 함	Ⓓ 노력해야 함	● 교재내용 ❶ 적합하다고 ❷ 어렵다고 ❸ 쉽다고 하였습니다.

지도 교사가 부모님께　　　　　　　　　　　　　　부모님이 지도 교사께

종합평가	Ⓐ 아주 잘함	Ⓑ 잘함	Ⓒ 보통	Ⓓ 노력해야 함

이번 주에는 父 (아버지 부), 母 (어머니 모), 子 (아들 자)를 배워요.

이렇게 **도와** 주세요

1일차 13a~14b	• 지난 호에서 학습한 犬, 牛, 羊을 복습합니다. • 동화를 읽고 父, 母, 子의 뜻을 이야기해 봅니다. • 한자 카드나 받아쓰기로 앞서 배운 한자를 복습합니다.
2일차 15a~17b	• 父, 母, 子의 3요소를 중심으로 뜻, 소리, 모양을 분리하여 학습합니다. • 父, 母, 子의 3요소가 충분히 학습되면 父母는 상대적 개념임을 지도합니다.
3일차 18a~19b	• 19a에서 같은 색끼리 점을 이어 나가면서 이루어지는 한자를 흥미롭게 익힙니다. • 父, 母, 子로 만들 수 있는 한자어를 이야기해 봅니다.
4일차 20a~21b	• 21b에서 규칙을 찾아 3요소를 채우고 한자의 뜻, 소리, 모양을 다시 한 번 익힙니다. • 父는 '아비 부'로 母는 '어미 모'로 통용됩니다.
5일차 22a~24a	• 父, 母, 子 학습을 마무리하고, 한자 보따리와 재미로 놀기를 통하여 흥미를 느끼게 지도합니다. • 한자 카드는 고리에 끼워서 모아 두고 매일 잠깐씩 보여 줍니다.

다시 보기

✏️ 그림 한자의 뜻과 소리를 쓰세요.

뜻:　　소리:

뜻:　　소리:

뜻:　　소리:

• 그림 한자에서 개, 소, 양의 요소를 먼저 찾도록 합니다.

알맞은 한자를 찾아 ○하세요.

● 지난 주에 익힌 한자를 복습합니다. 犬, 牛, 羊의 모양과 훈, 음을 바르게 알고 있는지 확인해 봅니다.

들어가기

📄 어떤 한자를 배울까요? 동화를 읽고 스티커를 붙여 알아보세요.

누구를 닮았을까?

나는 누구를 닮았을까?

동그란 눈, 커다란 목소리는 **아버지(父)**를 닮았대요.

갸름한 얼굴, 예쁜 손은 **어머니(母)**를 닮았대요.

아빠 **아들(子)**도 되고 엄마 아들도 되니까요.

• 동화를 읽고 이번 주에 학습할 개념을 먼저 이야기해 보세요.

● 같은 모양의 스티커를 붙이고 한자의 뜻과 소리를 따라 읽어 봅니다.

 父 알아보기

🔊 빈 곳에 알맞은 스티커를 붙이고 한자의 뜻과 소리를 읽어 보세요.

뜻 : 아버지   소리 : 부

📄 父가 만들어진 유래를 알아보고 한자 스티커를 붙이세요.

한 손으로 돌도끼를 잡고 있는 모습을 본뜬 한자입니다.

✏️ 순서대로 써 보세요.

● 父의 순서와 획의 방향에 유의합니다.

✏️ 父의 뜻, 소리, 모양을 쓰세요.

- 父의 뜻은 _____ 입니다.
- 父의 소리는 _____ 입니다.
- 아버지 부의 모양은 _____ 입니다.

📄 ❓에 스티커를 붙이고 父가 쓰인 한자어를 익혀 보세요.

❓ 모 : 아버지와 어머니

❓ 자 : 아버지와 아들

✏️ 필순에 맞게 父를 써 보세요.

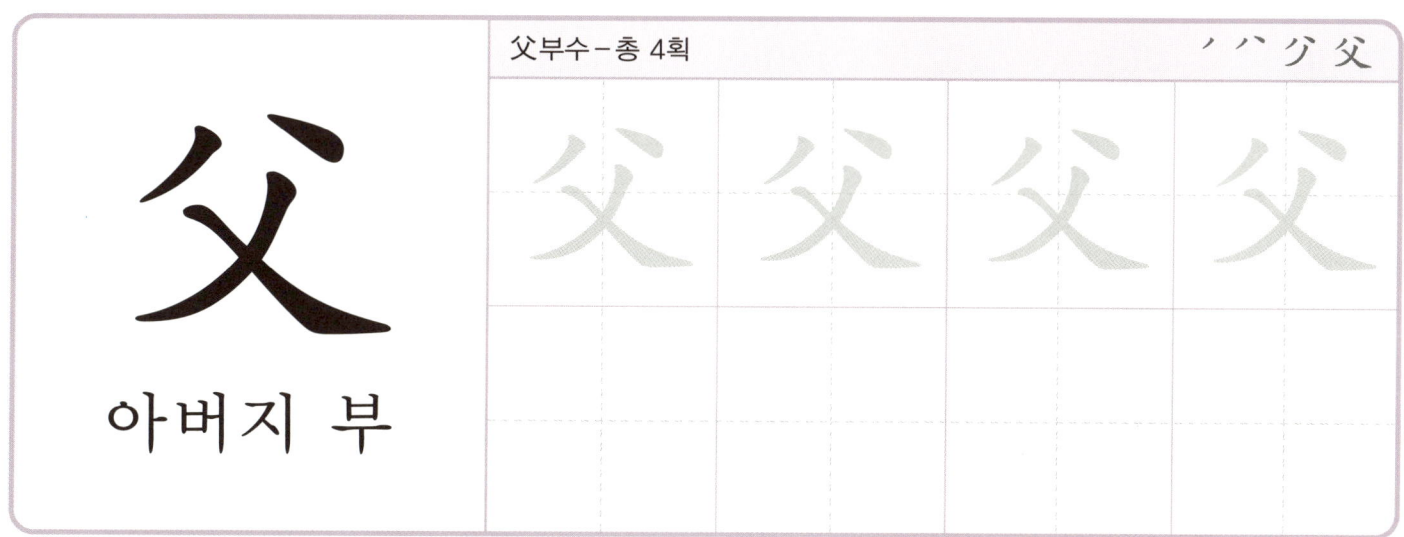

父부수 – 총 4획   ノ ハ グ 父

父
아버지 부

• 父의 뜻과 소리를 붙여 읽을 때는 '아비 부'라 해도 무방합니다.

 母 알아보기

🔊 빈 곳에 알맞은 스티커를 붙이고 한자의 뜻과 소리를 읽어 보세요.

뜻 : 어머니   소리 : 모

📖 母가 만들어진 유래를 알아보고 한자 스티커를 붙이세요.

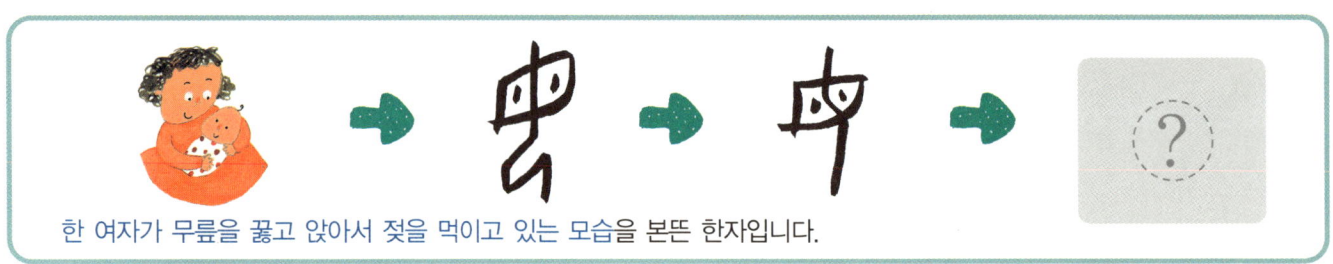

한 여자가 무릎을 꿇고 앉아서 젖을 먹이고 있는 모습을 본뜬 한자입니다.

✏️ 순서대로 써 보세요.

• 母의 모양은 女(여자 녀)와 엄마의 젖(﹕)을 더해서 만든 한자입니다.

✏️ 母의 뜻, 소리, 모양을 쓰세요.

- **母**의 뜻은 _____ 입니다.
- **母**의 소리는 _____ 입니다.
- 어머니 모의 모양은 _____ 입니다.

📄 ❓에 스티커를 붙이고 母가 쓰인 한자어를 익혀 보세요.

❓ 녀 : 어머니와 딸

학부 ❓ : 취학 중의 아동이나 학생의 부모

✏️ 필순에 맞게 母를 써 보세요.

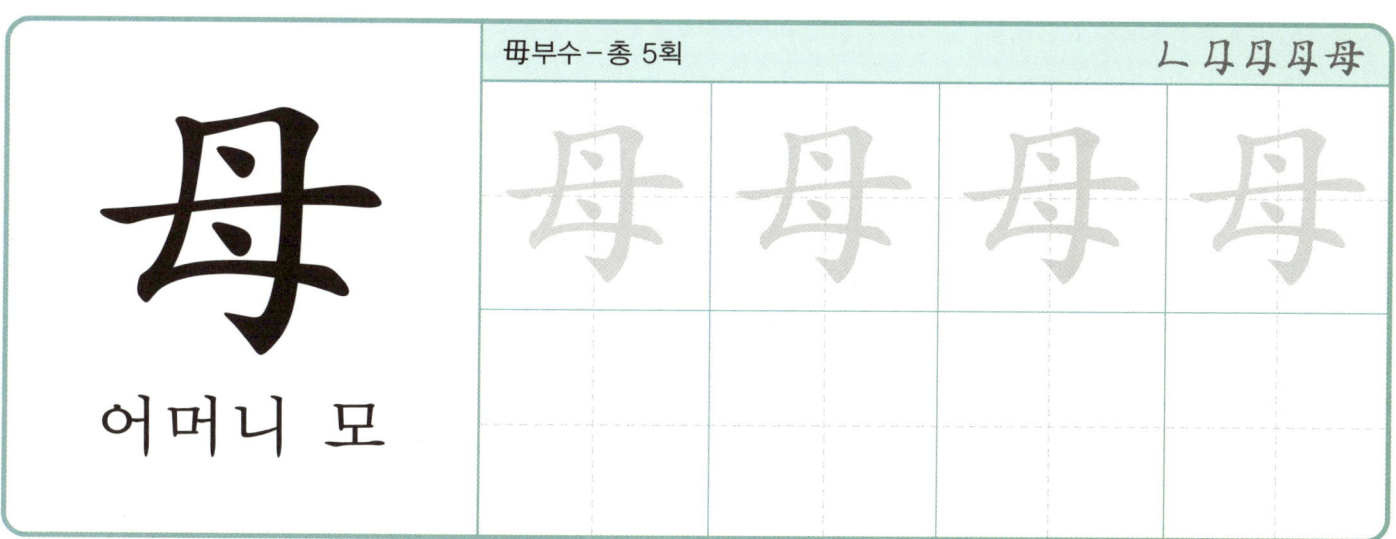

母 부수 - 총 5획 　　　ㄴ 乃 母 母 母

母
어머니 모

● 母의 부수는 毋(말 무)입니다. 母의 필순은 가장 마지막에 가로획을 긋습니다.

子 알아보기

🔊 빈 곳에 알맞은 스티커를 붙이고 한자의 뜻과 소리를 읽어 보세요.

뜻: **아들** 소리: **자**

📖 子가 만들어진 유래를 알아보고 한자 스티커를 붙이세요.

머리와 손이 있고 두 다리가 보자기에 싸여 있는 아이를 본뜬 한자입니다.

✏️ 순서대로 써 보세요.

• 子는 '아들'이라는 뜻 이외에도 '자식, 새끼, 후손'이라는 뜻도 있습니다.

- 子의 뜻, 소리, 모양을 쓰세요.

  - 子의 뜻은 _____ 입니다.
  - 子의 소리는 _____ 입니다.
  - 아들 자의 모양은 _____ 입니다.

- ❓에 스티커를 붙이고 子가 쓰인 한자어를 익혀 보세요.

❓ 녀 : 아들과 딸

여 ❓ : 여성인 사람

- 필순에 맞게 子를 써 보세요.

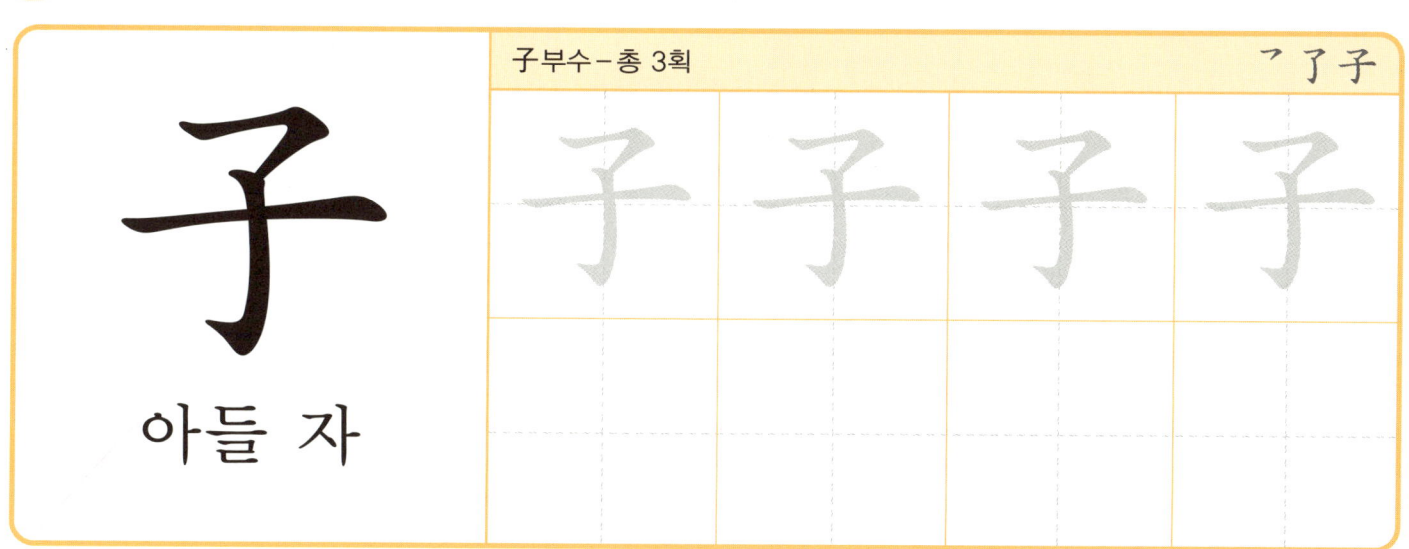

子부수 - 총 3획   ㄱ 了 子

子
아들 자

- B단계에서 시작한 경우는 "子의 뜻은?", "子의 소리는?" 하고 뜻, 소리를 분리하는 연습을 합니다.

다지기

✏️ 같은 한자끼리 연결하고, 뜻과 소리를 쓰세요.

父 　 八 　 母 　 目 　 子

• 상단에 제시된 정자체 한자의 뜻·소리를 써 봅니다.

한자의 뜻과 소리를 바르게 찾아가세요.

• 父, 母, 子의 뜻, 소리, 모양을 미로찾기를 통해 학습합니다.

같은 색의 점끼리 이어 보고 뜻과 소리를 쓰세요.

뜻 :   소리 :

뜻 :   소리 :

• 같은 색의 점을 연결하여 한자의 모양을 만들면서 흥미를 느끼고 추리력을 기릅니다.

한자의 뜻과 소리를 찾아 알맞은 것에 ○ 하세요.

• 父, 母, 子의 뜻과 소리를 여러 개의 훈음 중에서 구별할 수 있도록 합니다.

빈 칸에 알맞은 한자를 쓰세요.

그림 속에 있는 한자를 모두 찾아 ◯하고, 빈 칸에 알맞게 쓰세요.

아버지 부	어머니 모	아들 자

• 그림으로 표현된 한자를 보고 父, 母, 子의 3요소를 익힙니다.

같은 한자를 따라가 뜻과 소리를 쓰세요.

뜻 :
소리 :

뜻 :
소리 :

뜻 :
소리 :

• 해당 한자를 따라가면서 한자의 모양을 각인시키고 다른 한자와의 분별력을 높입니다.

🖉 빈 칸에 한자, 뜻, 소리를 알맞게 쓰세요.

父	아버지		父	아버지	부
母	어머니	모		어머니	모
子	아들		子	아들	자
父		부	父	아버지	부
母	어머니	모	母		모
子		자		아들	자

• 한자의 뜻, 소리, 모양을 완벽히 알 수 있도록 규칙에 대입하여 연습합니다.

마무리하기

빈 칸에 뜻과 소리를 쓰고 필순에 맞게 한자를 쓰세요.

父	父			
뜻:　소리:	ノ ハ グ 父			
母	母			
뜻:　소리:	ㄴ 凹 乃 母 母			
子	子			
뜻:　소리:	フ 了 子			

• 父, 母, 子의 3요소와 필순을 마무리합니다.

뜻과 소리에 알맞은 한자를 쓰세요.

• 제시된 한자가 없이도 뜻과 소리를 보고 한자를 써 봅니다.

육서 2 - 지사(指事)

보이지 않는 개념을 선이나 기호로 만들었어요.

사물의 모양을 본떠서 만든 한자로 옛날 사람들은 자신의 생각을 표현하고 나타냈습니다.
그러나 점차 문명이 발달하고 사회가 복잡해지면서 모양을 갖추지 않은 개념에 대해서도 표현해야 할 상황이 생기게 되었습니다. 그래서 선이나 기호로 한자를 만들기 시작했습니다.

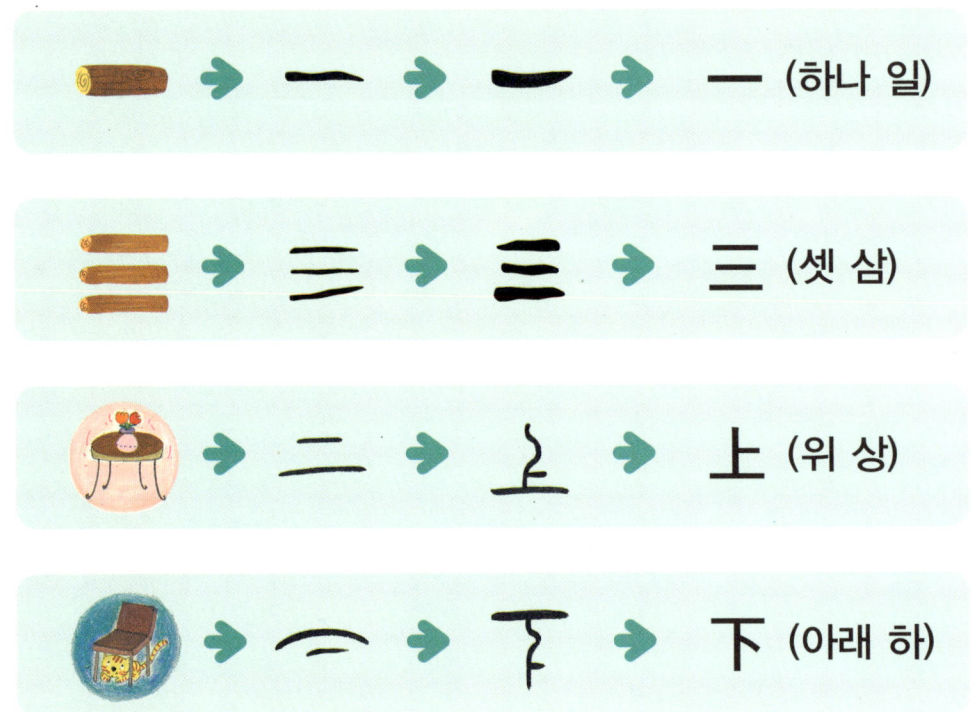

이렇게 보이지 않는 추상적인 개념을 부호화해서 한자를 만드는 것을 지사(指事)라 합니다.

— 계속 —

해답

B1집 13a-24a

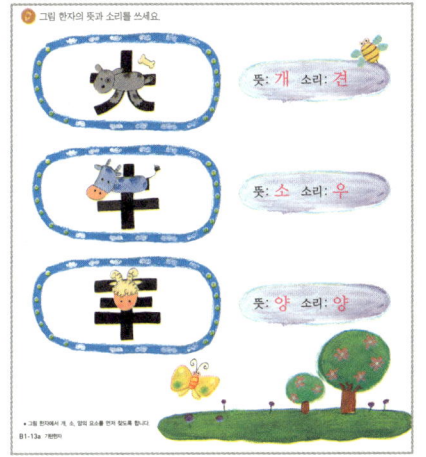
13a

13b

14a

14b

15a

15b

16a

16b

17a

기탄한자 B1-23b

17b

18a

18b

19a
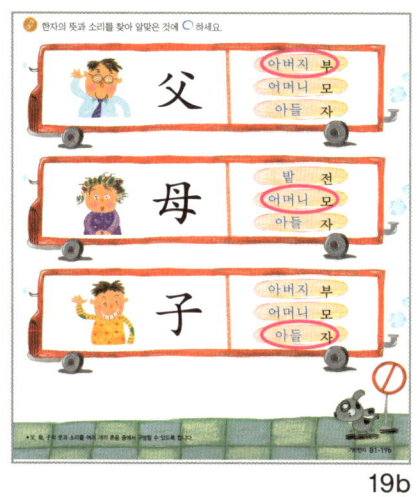
19b

20a

20b

21a

21b

 父

 母

 子

 父母子

母	父
어머니 모	아버지 부

| 父 아버지 부
母 어머니 모
子 아들 자 | 子
아들 자 |

父子

母女

子女

 父子

 母女

 子女

모녀
어머니와 딸

母:어머니 모　女:여자 녀

부자
아버지와 아들

父:아버지 부　子:아들 자

 부자

 모녀

 자녀

자녀
아들과 딸

子:아들 자　女:여자 녀

✏️ 퍼즐을 맞추는 데 필요 없는 조각 2개를 찾아 ○ 하세요.

펴낸이 : 정지향
펴낸곳 : (주)기탄교육
기획·편집·디자인 : 기탄교육연구소
주소 : 06698 서울특별시 서초구 효령로 40 기탄출판센터
등록 : 제2000-000098호
전화 : (02) 586-1007
팩스 : (02) 586-2337

※서점에 갈 시간이 없거나 구하기 어려운 분은 인터넷 또는 전화로 신청하세요. 즉시 우송해 드립니다.
● www.gitan.co.kr

ⓒ (주)기탄교육 All rights reserved.
저작권자의 동의 없이 본 교재를 무단으로 복제하거나 전재하는 것을 금합니다.

• 한자 카드 이렇게 놀아 주세요. ②

어디어디 있나?

생활 속에서 기억할 수 있는 기회를 자주 제공하는 것이 한자를 잊어버리지 않는 좋은 방법입니다. 아이가 다른 인쇄매체 속에서 자신이 알고 있는 한자를 발견하여 한자를 각인시키는 놀이입니다.

1 신문이나 보지 않는 교과서, 잡지 등 한자가 쓰여 있는 인쇄물을 준비해요.

2 한자 카드를 선정하여 엄마와 아이가 각각 갖고 있는 인쇄물에서 해당 한자를 찾아요.

3 일정 시간 동안 해당 한자를 카드에 많이 붙인 사람이 이겨요.

• 준비물 – 한자 카드, 신문·잡지 등 한자가 쓰여 있는 출판물, 가위, 풀, 색연필

2호에서 배운 한자를 다시 한번 써 보세요.

| 父 | 父 | 父 | 父 | 父 | 父 |

아버지 부

| 母 | 母 | 母 | 母 | 母 | 母 |

어머니 모

| 子 | 子 | 子 | 子 | 子 | 子 |

아들 자

3호

기탄한자 B단계 1집 25a~36a

그림으로 익히고 놀이로 기억하는 입체 한자 학습 프로그램

기탄®한자

B1집
3호
25a-36a

공부한 날   월   일 ~   월   일
          (원)교   반
이름   전화

www.gitan.co.kr

기초 탄탄한 교육·기초 탄탄한 학습
기탄교육

 **B단계에서 배울 한자입니다.**

B단계							
1집	犬, 牛, 羊	2집	車, 士, 己	3집	魚, 貝, 鳥	4집	草, 花, 馬
	父, 母, 子		自, 工, 門		主, 册, 雨		男, 女, 夕
	生, 心, 身		刀, 王, 白		風, 里, 竹		舌, 齒, 面
	복습		복습		복습		복습

※ 매주마다 학습한 한자를 누적하여 읽어 보세요.

학습진단 관리표

	훈음 읽기	훈음 쓰기	한자 쓰기	한자어 읽기	이번 주는?			
금주평가	Ⓐ아주 잘함	Ⓐ아주 잘함	Ⓐ아주 잘함	Ⓐ아주 잘함	●학습방법	❶ 매일매일	❷ 가끔	❸ 한꺼번에 하였습니다.
	Ⓑ잘함	Ⓑ잘함	Ⓑ잘함	Ⓑ잘함	●학습태도	❶ 스스로 잘	❷ 시켜서 억지로 하였습니다.	
	Ⓒ보통	Ⓒ보통	Ⓒ보통	Ⓒ보통	●학습흥미	❶ 재미있게	❷싫증내며 하였습니다.	
	Ⓓ노력해야 함	Ⓓ노력해야 함	Ⓓ노력해야 함	Ⓓ노력해야 함	●교재내용	❶ 적합하다고	❷ 어렵다고	❸ 쉽다고 하였습니다.

지도 교사가 부모님께   부모님이 지도 교사께

종합평가	Ⓐ아주 잘함	Ⓑ잘함	Ⓒ보통	Ⓓ노력해야 함

이번 주에는 生 (날 생), 心 (마음 심), 身 (몸 신)을 배워요.

1일차 25a~26b	• 지난 호에서 학습한 父, 母, 子를 복습합니다. • 동화를 읽고, 生, 心, 身의 뜻을 이야기해 봅니다. • 한자 카드나 받아쓰기로 앞서 배운 한자를 복습합니다.
2일차 27a~29b	• 生, 心, 身의 3요소를 암기하기 보다는 자원을 이해하면 오래 기억할 수 있습니다. • 부수나 쓰기는 나이에 따라 선택적으로 학습하게 합니다.
3일차 30a~31b	• 生, 心, 身의 뜻, 소리, 모양을 다시 한번 익힙니다. • 어려워하는 한자가 있다면 한자 카드를 활용해서 집중적으로 설명합니다.
4일차 32a~33b	• 그림 한자, 한자 따라가기 등을 통해서 흥미롭게 한자를 학습합니다. • 心은 사람의 심장 모양, 身은 배가 불룩한 임신한 여자 모양으로 기억하면 쉽습니다.
5일차 34a~36a	• 生, 心, 身 학습을 마무리하고, 한자 보따리와 재미로 놀기를 통하여 흥미를 느끼게 지도합니다. • 한자 카드는 고리에 끼워서 모아 두고 매일 잠깐씩 보여 줍니다.

다시 보기

✏️ 그림 한자의 뜻과 소리를 쓰세요.

뜻:　　　　소리:

뜻:　　　　소리:

뜻:　　　　소리:

● 그림 한자에서 뜻이 되는 아버지, 어머니, 아들의 요소를 먼저 찾도록 합니다.

🔖 알맞은 한자를 찾아 ⭕하세요.

 어머니 모

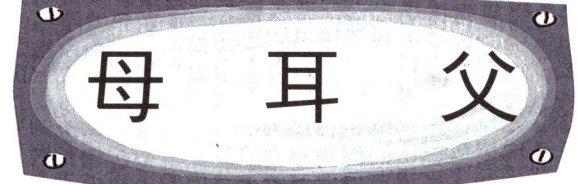
母　耳　父

 아버지 부

子　父　母

 아들 자

羊　手　子

 사람 인

大　人　八

● 지난 주에 배운 父, 母, 子의 모양과 훈, 음을 바르게 알고 있는지 확인해 봅니다.

들어가기

어떤 한자를 배울까요? 동화를 읽고 스티커를 붙여 알아보세요.

엄지 공주

어느 마을에 아기를 갖고 싶어하는
마음(心) 착한 부부가 살았어요.
부부는 늙은 마법사에게 꽃씨를 하나 사서
자그마한 화분에 심었어요.

• 동화를 읽고 生, 心, 身의 개념을 이야기해 봅니다.

눈 깜짝할 사이에 꽃이 피어나더니
작은 소녀가 **태어났어요.**(生)
소녀의 **몸**(身)이 엄지손가락만했어요.
부부는 소녀에게 '엄지 공주'라는
이름을 지어 주고 행복하게 살았답니다.

 生 알아보기

🔊 빈 곳에 알맞은 스티커를 붙이고 한자의 뜻과 소리를 읽어 보세요.

뜻: 날 소리: 생

📖 生이 만들어진 유래를 알아보고 한자 스티커를 붙이세요.

하나의 새싹이 땅 위로 돋아나서 자라는 모습을 본떠 만든 한자입니다.

✏️ 순서대로 써 보세요.

• 生은 '태어나다, 낳다' 이외에 '성장하다, 자라다, 생명' 등의 뜻이 있습니다.

- 生의 뜻, 소리, 모양을 쓰세요.

  - 生의 뜻은 _____ 입니다.
  - 生의 소리는 _____ 입니다.
  - 날 생의 모양은 _____ 입니다.

- ? 에 스티커를 붙이고 生이 쓰인 한자어를 익혀 보세요.

? 일 : 태어난 날

선 ? : 가르치는 사람

- 필순에 맞게 生을 써 보세요.

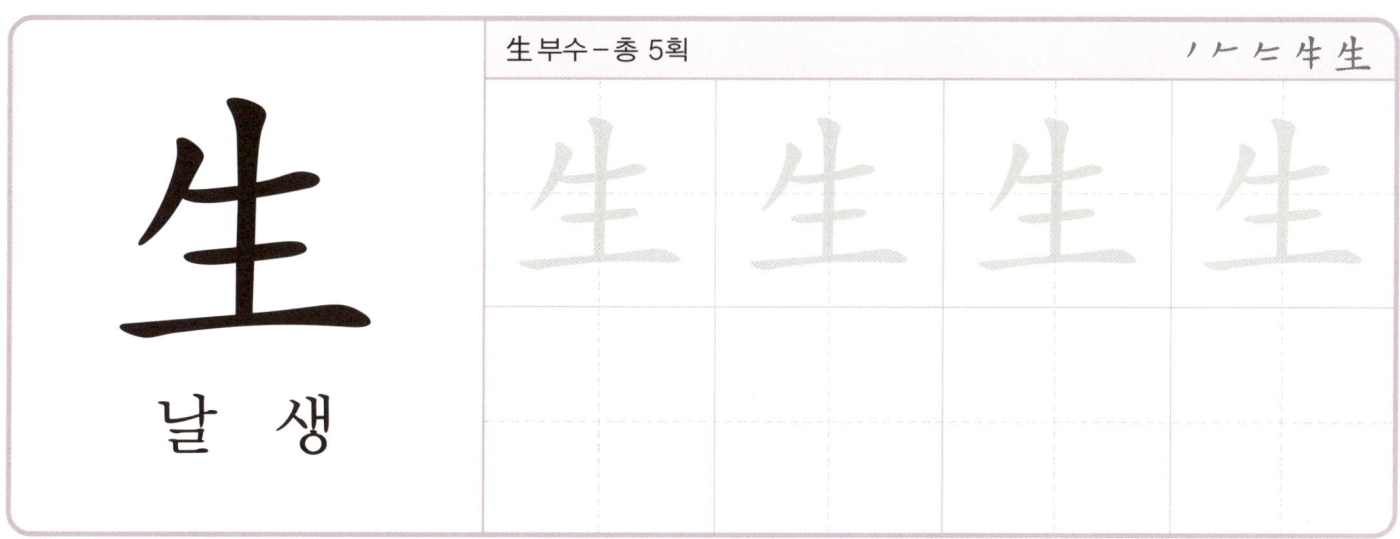

生 부수 - 총 5획

날 생

- 生의 필순은 ノ ┌ 卄 牛 生 의 순서로 써도 무방합니다.

🔊 빈 곳에 알맞은 스티커를 붙이고 한자의 뜻과 소리를 읽어 보세요.

📖 心이 만들어진 유래를 알아보고 한자 스티커를 붙이세요.

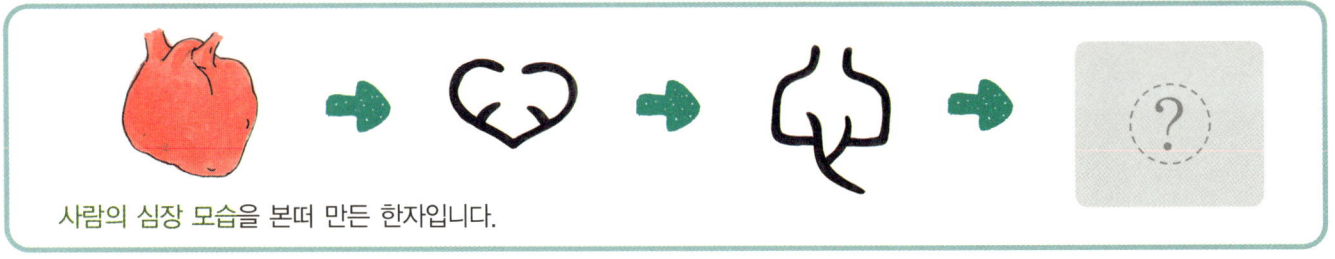

사람의 심장 모습을 본떠 만든 한자입니다.

✏️ 순서대로 써 보세요.

✏️ 心의 뜻, 소리, 모양을 쓰세요.

- 心의 뜻은 _____ 입니다.

- 心의 소리는 _____ 입니다.

- 마음 심의 모양은 _____ 입니다.

📄 ❓에 스티커를 붙이고 心이 쓰인 한자어를 익혀 보세요.

❓ 신 : 마음과 몸

안 ❓ : 근심 걱정이 없이 마음을 놓음

✏️ 필순에 맞게 心을 써 보세요.

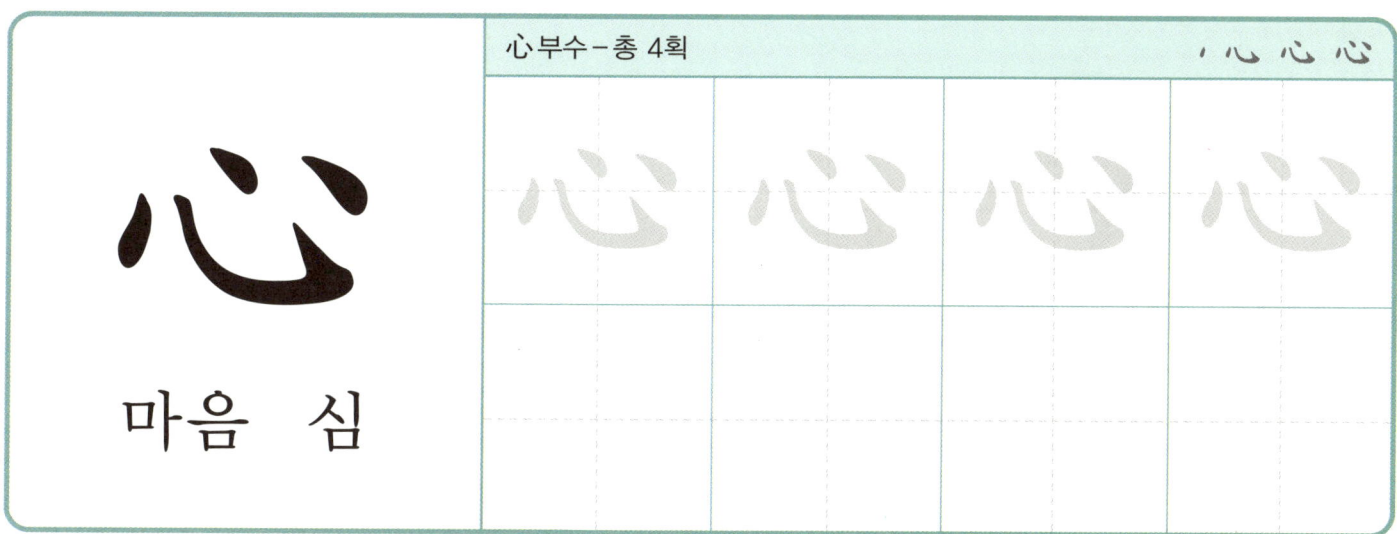

心 부수 - 총 4획

心
마음 심

- 心이 들어가는 여러 가지 다른 한자어도 이야기해 봅니다. (예 : 심장, 심성, 결심, 동심, 진심, 욕심, 중심 …)

 身 알아보기

🔊 빈 곳에 알맞은 스티커를 붙이고 한자의 뜻과 소리를 읽어 보세요.

뜻: 몸 소리: 신

📋 身이 만들어진 유래를 알아보고 한자 스티커를 붙이세요.

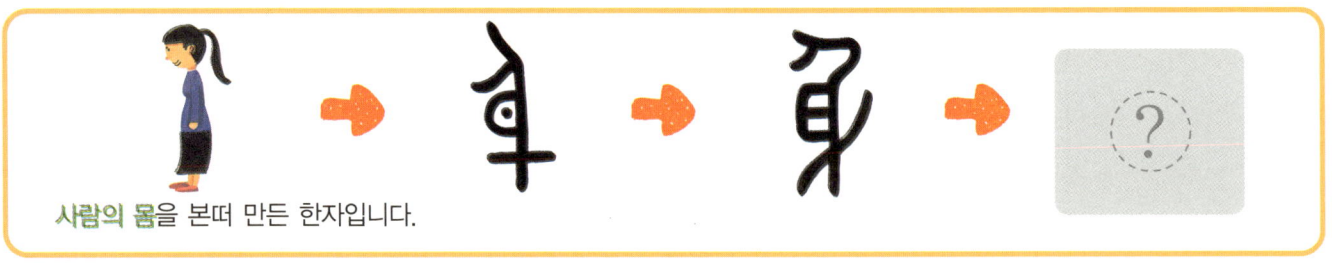

사람의 몸을 본떠 만든 한자입니다.

✏️ 순서대로 써 보세요.

• 身은 본래 '임신한 사람'을 가리켰으나, 그 의미가 확장되어 '몸, 자기' 등의 뜻을 갖게 되었습니다.

- 身의 뜻, 소리, 모양을 쓰세요.

  - 身의 뜻은 _____ 입니다.
  - 身의 소리는 _____ 입니다.
  - 몸 신의 모양은 _____ 입니다.

- ❓에 스티커를 붙이고 身이 쓰인 한자어를 익혀 보세요.

❓ 체 : 사람의 몸

❓ 장 : 사람의 키

- 필순에 맞게 身을 써 보세요.

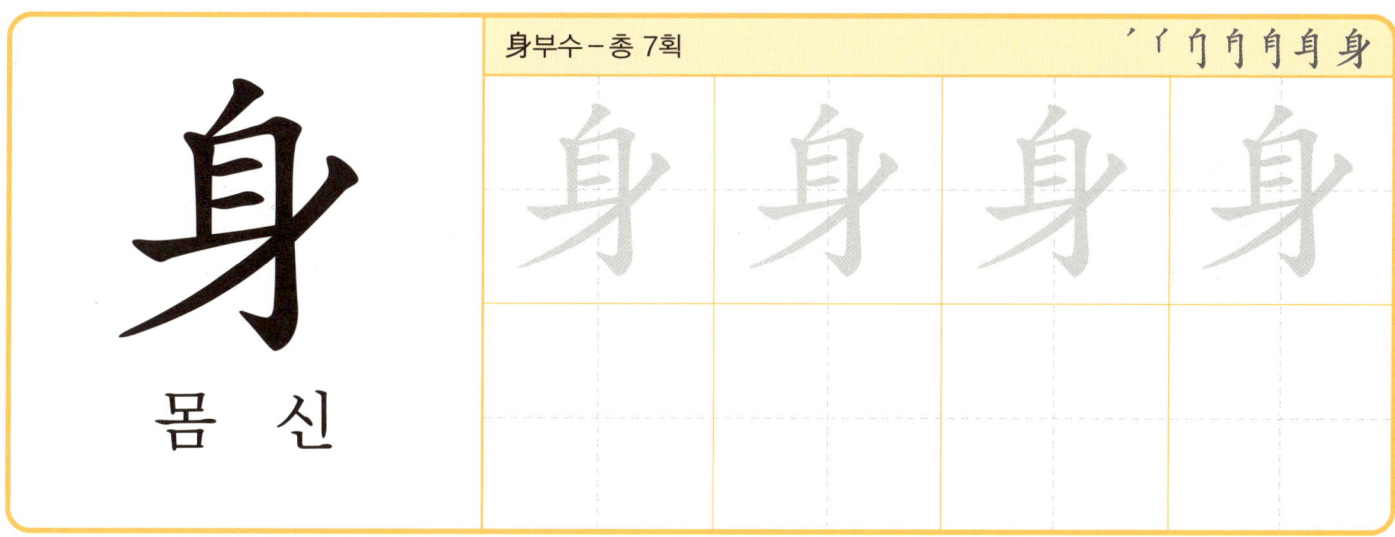

身부수 – 총 7획

身
몸 신

• 生, 心, 身과 같이 한자 자체가 부수인 한자를 제부수자라고 합니다.

다지기

🔍 같은 한자끼리 연결하고, 뜻과 소리를 쓰세요.

心   力   生   耳   身

生   心   身

• 그림 한자에서 마음, 새싹, 몸의 요소를 아이가 먼저 찾도록 합니다.

한자의 뜻과 소리를 바르게 찾아가세요.

• 生, 心, 身의 뜻, 소리, 모양을 미로찾기를 통해 익힙니다.

📝 같은 색의 점끼리 이어 보고 뜻과 소리를 쓰세요.

● 점을 이어 한자의 모양을 만들고, 필순에 맞게 쓰도록 합니다.

한자의 뜻과 소리를 찾아 알맞은 것에 ◯하세요.

빈 칸에 알맞은 한자를 쓰세요.

🖊️ 그림 속에 있는 한자를 모두 찾아 ○하고, 빈 칸에 알맞게 쓰세요.

날 생	마음 심	몸 신

• 그림으로 표현된 한자를 찾고 뜻, 소리에 알맞은 한자를 씁니다.

같은 한자를 따라가 뜻과 소리를 쓰세요.

뜻:
소리:

뜻:
소리:

뜻:
소리:

- 같은 모양의 한자를 따라 가면서 집중력을 기르며 모양을 분별할 수 있습니다.

📝 빈 칸에 한자, 뜻, 소리를 알맞게 쓰세요.

• 나이나 학년이 어린 아이들은 한자 ➡ 뜻 ➡ 소리의 규칙 자체를 찾지 못할 수 있으므로 규칙을 찾을 수 있도록 도와 줍니다.

📝 빈 칸에 뜻과 소리를 쓰고 필순에 맞게 한자를 쓰세요.

生	生			
뜻: 소리:	ノ ト 上 牛 生			
心	心			
뜻: 소리:	丶 心 心 心			
身	身			
뜻: 소리:	ノ 丨 自 自 自 身 身			

• 한자를 보고 뜻 소리를 기억하지 못하면 싹이 나는 모습, 심장의 모습, 몸의 옆모습 등 힌트를 주어 떠올릴 수 있도록 합니다.

뜻과 소리에 알맞은 한자를 쓰세요.

육서 3 - 회의(會意)

이미 만들어진 한자와 한자를 합해서 새로운 뜻과 소리를 만들었어요.

사물의 모양을 본떠서 한자를 만들고, 선이나 기호를 이용해서 한자를 만들기에는 한계가 있었습니다.
그래서 사람들은 아주 좋은 방법을 생각해 내었습니다.
그것은 바로 이미 만들어진 한자와 한자를 합하여 새로운 한자를 만드는 것이었습니다.

- 해(日)와 달(月)을 합하여 해와 달이 함께 있으니 밝다는 뜻을 나타내게 되었습니다.

明
(밝을 명)

- 밭(田)에서 힘(力)써 일하는 모습에서 남자(사내)를 뜻하는 한자를 만들었습니다.

男
(남자 남)

- 저녁(夕)을 뜻하는 한자를 겹쳐 써서 많다(多)는 뜻을 나타내는 한자를 만들었습니다.

多
(많을 다)

- 노인을 뜻하는 老(늙을 로)와 아들을 뜻하는 子(아들 자)를 합하여서 아들이 노인을 업고 가는 모습, 즉 효도를 뜻하게 되었습니다.

孝
(효도 효)

이렇게 이미 만들어진 한자와 한자를 합하여
새로운 뜻과 소리를 만드는 것을 회의(會意)라 합니다.   －계속－

 해답

 B1집 25a-36a

25a

25b

26a

26b

27a

27b

28a

28b

29a

기탄한자 B1-35b

29b

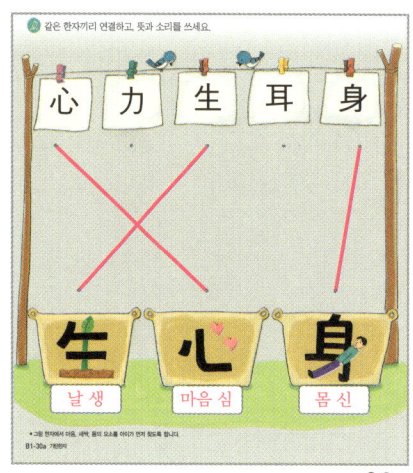
30a

30b

31a

31b

32a

32b

33a

33b

# 生

# 心

# 身

# 生 心 身

기탄한자 B1집 3호 한자 카드

心
마음 심

生
날 생

生 날 생
心 마음 심
身 몸 신

身
몸 신

生日

心身

身長

生日

心身

身長

심신
마음과 몸

心:마음 심　身:몸 신

생일
태어난 날

生:날 생　日:날(해) 일

　생일

　심신

　신장

신장
사람의 키

身:몸 신　長:길/어른 장

生
날 생

心
마음 심

身
몸 신

生　　心　　　身

 生 生　　 心  心　　 身  身　

 재미로 놀기

모양이 다른 눈사람 그림 3개를 찾아 ○하세요.

펴낸이 : 정지향
펴낸곳 : (주)기탄교육
기획·편집·디자인 : 기탄교육연구소
주소 : 06698 서울특별시 서초구 효령로 40 기탄출판센터
등록 : 제2000-000098호
전화 : (02) 586-1007
팩스 : (02) 586-2337

※서점에 갈 시간이 없거나 구하기 어려운 분은 인터넷 또는 전화로 신청하세요. 즉시 우송해 드립니다.
● www.gitan.co.kr

ⓒ (주)기탄교육 All rights reserved.
저작권자의 동의 없이 본 교재를 무단으로 복제하거나 전재하는 것을 금합니다.

• 한자 카드 이렇게 놀아 주세요. ③

꼭꼭 밟아라

아이들은 적절한 율동이나 운율을 붙여 지도하면 좀 더 재미있게 학습할 수 있습니다.
엄마는 큰 소리로 한자의 뜻·소리를 말하고 아이는 활동으로 해당 한자를 찾아 가는 놀이입니다.

1 아이와 함께 모아 놓은 한자 카드를 아이의 보폭 정도의 간격으로 늘어 놓아요.

2 엄마가 불규칙하게 한자의 뜻·소리를 말해요.

3 엄마가 읽는 한자를 아이가 찾아서 한 발로 짚어요.

• 준비물 – 한자 카드

3호에서 배운 한자를 다시 한번 써 보세요.

生	生 生 生 生 生
날 생	

心	心 心 心 心 心
마음 심	

身	身 身 身 身 身
몸 신	

호

기탄한자 B단계 1집 37a~48a

그림으로 익히고 놀이로 기억하는 입체 한자 학습 프로그램

기탄® 한자

B1집
4호
37a-48a

공부한 날   월   일 ~   월   일
                (원)교   반
이름   전화

www.gitan.co.kr

기탄교육

 **B단계**에서 배울 한자입니다.

	B단계							
1집	犬, 牛, 羊	2집	車, 士, 己	3집	魚, 貝, 鳥	4집	草, 花, 馬
	父, 母, 子		自, 工, 門		主, 册, 雨		男, 女, 夕
	生, 心, 身		刀, 王, 白		風, 里, 竹		舌, 齒, 面
	복습		복습		복습		복습

※ 매주마다 학습한 한자를 누적하여 읽어 보세요.

학습 진단 관리표

	훈음 읽기	훈음 쓰기	한자 쓰기	한자어 읽기	이번 주는?			
금주평가	Ⓐ 아주 잘함	Ⓐ 아주 잘함	Ⓐ 아주 잘함	Ⓐ 아주 잘함	●학습방법	❶ 매일매일	❷ 가끔	❸ 한꺼번에 하였습니다.
	Ⓑ 잘함	Ⓑ 잘함	Ⓑ 잘함	Ⓑ 잘함	●학습태도	❶ 스스로 잘	❷ 시켜서 억지로 하였습니다.	
	Ⓒ 보통	Ⓒ 보통	Ⓒ 보통	Ⓒ 보통	●학습흥미	❶ 재미있게	❷ 싫증내며 하였습니다.	
	Ⓓ 노력해야 함	Ⓓ 노력해야 함	Ⓓ 노력해야 함	Ⓓ 노력해야 함	●교재내용	❶ 적합하다고	❷ 어렵다고	❸ 쉽다고 하였습니다.
	지도 교사가 부모님께				부모님이 지도 교사께			
종합평가	Ⓐ 아주 잘함		Ⓑ 잘함		Ⓒ 보통			Ⓓ 노력해야 함

B1집 37a-48a

이번 주에는 **B1, B2, B3호**에서 배운 한자를 복습해요.

이렇게 **도와** 주세요

1 일차 37a~38b
- B1집에서 배운 9자의 뜻, 소리를 읽어 봅니다.
- 9자 중 모르는 한자가 있으면 한자 카드를 통해 지도합니다.
- 한자 모형 놀이를 아이와 함께 만들고 재미있게 놀아 줍니다.

2 일차 39a~40a
- 2호에서 학습한 父, 母, 子의 뜻, 소리, 한자어, 자원을 복습합니다.
- 쓰기에서 母의 맨 마지막 획을 바르게 긋는지 확인합니다.

3 일차 40b~41b
- 3호에서 학습한 生, 心, 身의 뜻, 소리, 한자어, 자원을 복습합니다.
- 生, 心, 身의 3요소를 숙지한 경우 받아쓰기로 복습합니다.

4 일차 42a~44b
- B1집에서 배운 한자를 동화, 블록 찾기 등을 활용해서 흥미롭게 복습합니다.
- 동물과 관련된 한자는 동물 모양과 한자 모양을 연관시켜 기억합니다.

5 일차 45a~48a
- B1집에서 배운 한자를 정리하고 형성평가를 통해 점검합니다.
- 형성평가는 절취선을 따라 잘라서 실시하고 결과에 따라 충분한 칭찬과 적절한 동기유발을 합니다.

복습해요

🔊 한자의 뜻과 소리를 말해 보세요.

犬	牛	羊
父	母	子
生	心	身

● B1집 1호, 2호, 3호에서 배운 9자를 모두 복습합니다. 뜻, 소리를 기억하지 못하면 한자 카드를 통해 확인합니다.

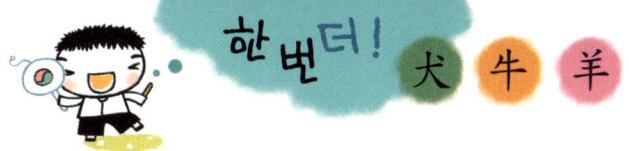 犬 牛 羊

🍀 어떤 한자를 배웠나요? 스티커를 붙이고 빈 칸에 알맞게 쓰세요.

犬		
뜻: 개 소리: 견	뜻: 소리:	뜻: 소리:

- B1집 1호에서 배운 한자의 뜻, 소리, 모양을 복습합니다.

기탄한자 B1-37b

관계있는 것끼리 연결하고 빈 칸에 한자를 쓰세요.

🌰 犬, 牛, 羊이 들어가는 한자어를 알아보고 빈 곳에 한자를 쓰세요.

애 犬 : 개를 사랑함. 귀여워하며 기르는 개.

명 ____ : 이름난 개.

____ 유 : 암소의 젖.

____ 마차 : 소나 말이 끄는 수레.

____ 모 : 양의 털.

백 ____ : 흰 양.

• 犬과 牛는 모양이 비슷한 한자의 구별에 유의합니다. 大(큰 대) 太(클 태) 午(낮 오)

한 번 더! 父 母 子

📎 어떤 한자를 배웠나요? 스티커를 붙이고 빈 칸에 알맞게 쓰세요.

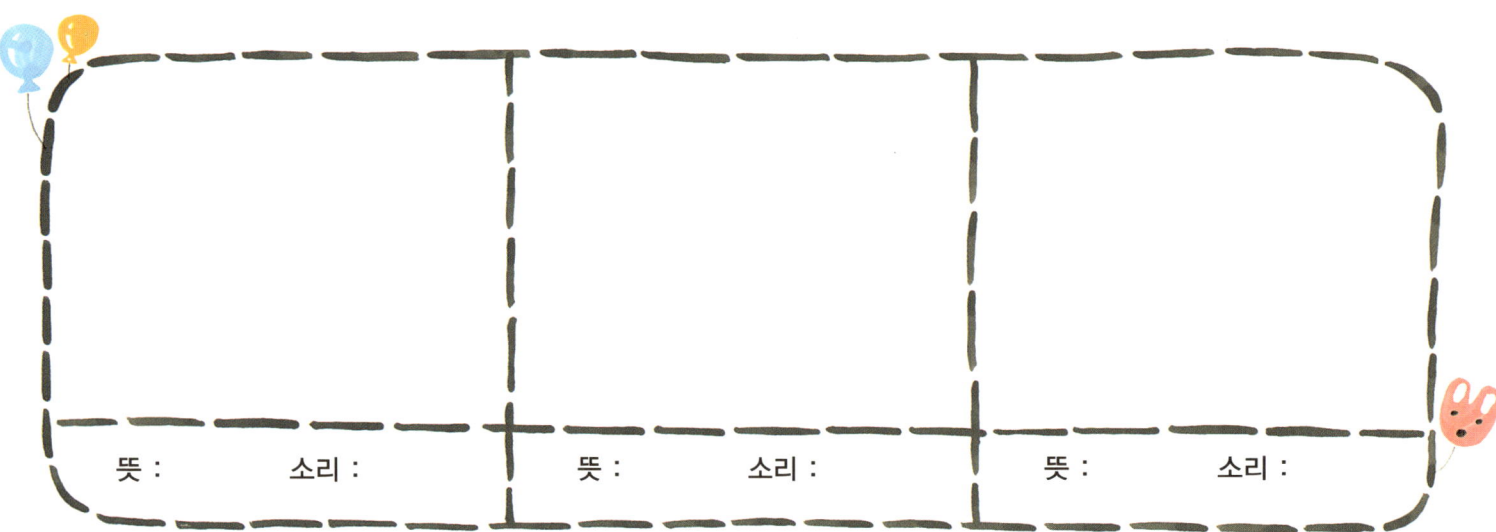

| 뜻: 소리: | 뜻: 소리: | 뜻: 소리: |

- B1집 2호에서 배운 한자를 복습합니다.

관계있는 것끼리 연결하고 빈 칸에 한자를 쓰세요.

 아버지 부

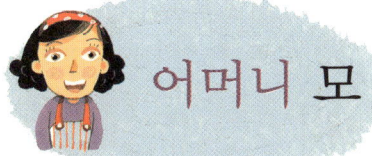 어머니 모

 아들 자

• 자원의 변화 과정을 보고 한자를 써 내지 못하는 경우 한자 카드를 보고 쓰도록 합니다.

父, 母, 子가 들어가는 한자어를 알아보고 빈 곳에 한자를 쓰세요.

父
____자 : 아버지와 아들.
____모 : 아버지와 어머니.

母
산 ____ : 아이를 낳은지 며칠 되지 않은 여자.
노 ____ : 늙은 어머니.

子
남 ____ : 남자, 남성인 사람.
여 ____ : 여자, 여성인 사람.

한 번 더! 生 心 身

어떤 한자를 배웠나요? 스티커를 붙이고 빈 칸에 알맞게 쓰세요.

| 뜻 :   소리 : | 뜻 :   소리 : | 뜻 :   소리 : |

• B1집 3호에서 배운 한자를 복습합니다.

관계있는 것끼리 연결하고 빈 칸에 한자를 쓰세요.

 날 생

 마음 심

 몸 신

• 자원과 뜻, 소리를 연결하지 못하는 경우 '불룩한 배', '심장의 모양', '싹이 나는 모습'으로 설명해 줍니다.

生, 心, 身이 들어가는 한자어를 알아보고 빈 곳에 한자를 쓰세요.

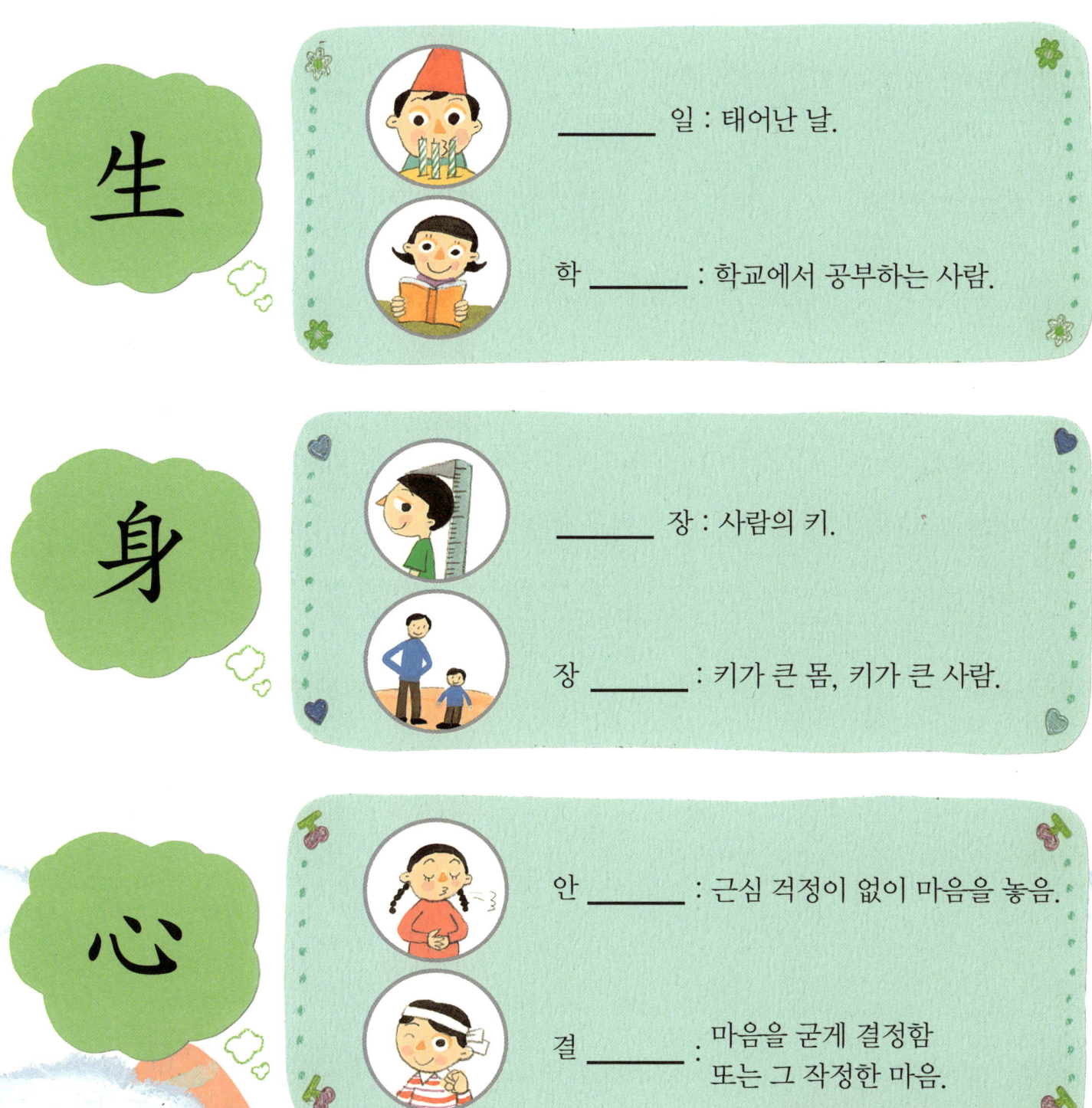

📝 동화를 읽고 빈 칸에 알맞은 한자를 쓰세요.

욕심쟁이 개

욕심쟁이 개 犬 한 □ 마리가 다리를 건너고 있었어요.

다리 밑을 내려다 본 개는 깜짝 놀랐어요.

'아니! 내 몸 □ 하고 똑같이 생긴 개가 고깃덩어리를 물고 있네.'

욕심쟁이 개는 그 고기도 빼앗아 먹고 싶은 마음 □ 이 생겼어요.

그래서 "컹컹!"하고 입 □ 을 벌려 짖었어요.

그러자 물고 있던 고기가 '풍덩' 물 속으로 빠졌어요.

'아이구, 물에 비친 내 모습이었구나. 욕심 부리지 말라던 엄마 □

말씀을 잘 들을걸······.'

욕심쟁이 개는 물 속을 들여다 보며 후회했지만 아무 소용 없었어요.

父 牛 羊 犬 母

• 앞서 배운 한자를 문장 속에 적용하는 연습을 합니다.

다지기

한자와 뜻·소리가 바르게 쓰여진 포도알에 스티커를 모두 붙이세요.

- 羊 양 양
- 牛 소 견
- 身 몸 심
- 犬 개 견
- 母 아버지 모
- 父 아버지 부
- 母 어머니 모
- 生 날 상
- 心 마음 심
- 子 아들 녀
- 生 날 생

● 한자와 뜻, 소리가 바르지 않은 곳은 바르게 고쳐 봅니다.

〈보기〉의 한자를 찾아 따라 쓰세요.

〈보기〉 개 견 양 양 어머니 모 아들 자 마음 심 몸 신

● 〈보기〉의 한자 이외에 어떤 한자가 있는지 찾아 봅니다. (소 우, 날 생, 아버지 부, 나무 목…)

빈 칸에 알맞은 뜻과 소리를 쓰세요.

마무리하기

빈 칸에 뜻과 소리를 쓰고 필순에 맞게 한자를 쓰세요.

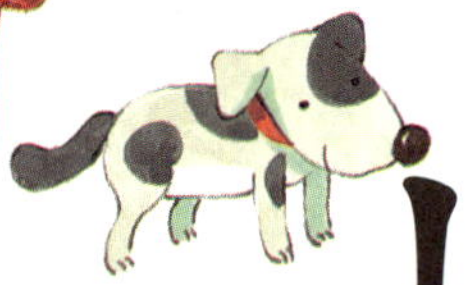

犬	犬			
개 견	一 ナ 大 犬			
牛	牛			
	ノ 𠂉 ⺧ 牛			
羊	羊			
	丶 丷 ⺌ 𦍌 𦍋 羊			

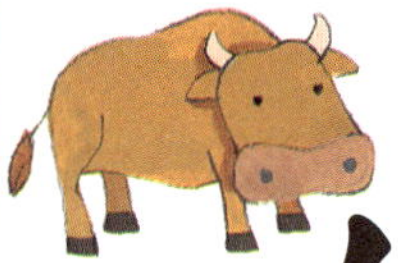

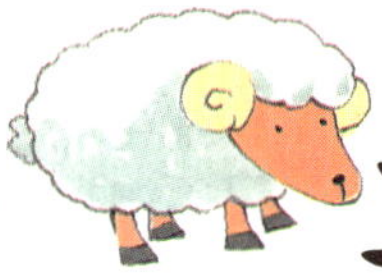

• 필순에 맞게 한자를 쓰면서 뜻과 소리를 읽어 봅니다.

빈 칸에 뜻과 소리를 쓰고 필순에 맞게 한자를 쓰세요.

父

丶ノ父父

母

乚乛兀母母

子

乛了子

• 父, 母, 子의 3요소를 다시 한번 익혀 봅니다.

📝 빈 칸에 뜻과 소리를 쓰고 필순에 맞게 한자를 쓰세요.

生

丿 ㄧ ㄠ 生 生

心

丶 ㄣ 心 心

身

丿 ㄏ ㄐ 自 自 身 身

• 生의 필순은 丿 ㄧ 丰 生 生 으로 써도 무방합니다.

얼마나 알고 있나요?

평가일	년 월 일
소요시간	시 분 ~ 시 분
평가결과	21~27문항 아주 잘 했어요. B2집 5호를 학습하세요.
	11~20문항 틀린 한자를 다시 익혀요.
	10문항 이하 B1집을 복습해요.

● 한자의 뜻과 소리를 쓰세요.

1.
뜻: 소리:

2.
뜻: 소리:

3.
뜻: 소리:

4.
뜻: 소리:

5.
뜻: 소리:

6.
뜻: 소리:

7.
뜻: 소리:

8. 生
뜻: 소리:

9.
뜻: 소리:

● 선을 따라 잘라서 풀어 보세요.

● 빈 칸에 알맞은 한자를 쓰세요.

10.
개 견

11.
아버지 부

12.
날 생

13.
소 우

14.
어머니 모

15.
마음 심

16.
양 양

17.
아들 자

18.
몸 신

犬　羊　牛　子　父　母　生　心　身

● 빈 칸에 알맞은 한자를 쓰세요.

19. 안심 — 안 [心]

20. 모자 — [母] 자

21. 양모 — [羊] 모

22. 부자 — [父] 자

23. 우유 — [牛] 유

24. 여자 — 여 [子]

25. 생일 — [生] 일

26. 명견 — 명 [犬]

27. 신장 — [身] 장

身 心 牛 父 子 母 犬 生 羊

해답

37b

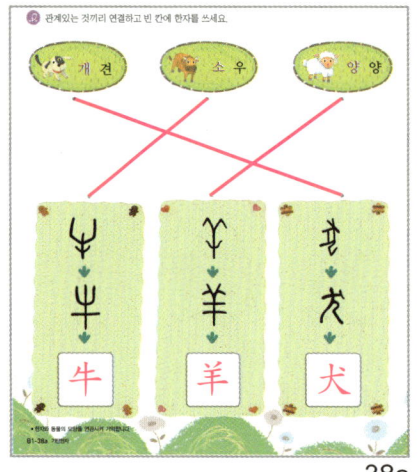

38a

38b

39a

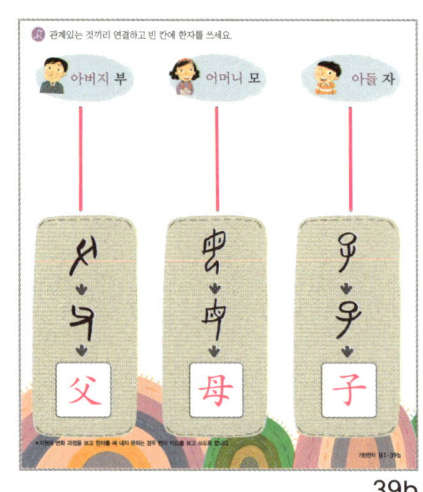

39b

40a

40b

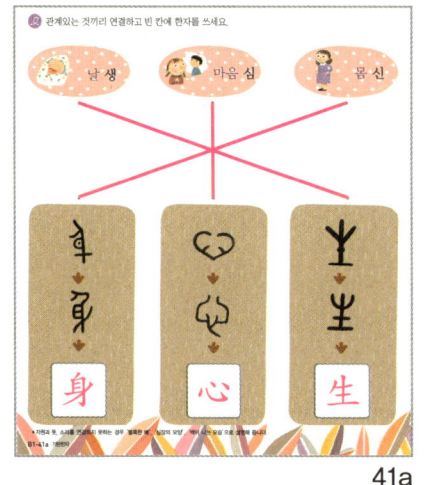

41a

41b

B1-48a 기탄한자

기탄한자 B1집 부교재 **한자 모형 놀이1**

개 견　　**소 우**　　**양 양**

아버지 부　　**어머니 모**

▨▨ 풀칠하는 곳

● B1집 4호 간지에 실린 한자 모형 놀이 방법을 활용해서 아이와 함께 놀아 주세요.

기탄한자 B1집

기탄한자 B1집 부교재 한자 모형 놀이2

풀칠하는 곳

아들 자

날 생

마음 심

몸 신

● B1집 4호 간지에 실린 한자 모형 놀이 방법을 활용해서 아이와 함께 놀아 주세요.

42a

43a

43b

44a

44b

46b

47a

47b

펴낸이 : 정지향
펴낸곳 : (주)기탄교육
기획·편집·디자인 : 기탄교육연구소
주소 : 06698 서울특별시 서초구 효령로 40 기탄출판센터
등록 : 제2000-000098호
전화 : (02)586-1007
팩스 : (02)586-2337

※서점에 갈 시간이 없거나 구하기 어려운 분은 인터넷 또는 전화로 신청하세요. 즉시 우송해 드립니다.
● www.gitan.co.kr

ⓒ (주)기탄교육 All rights reserved.
저작권자의 동의 없이 본 교재를 무단으로 복제하거나 전재하는 것을 금합니다.

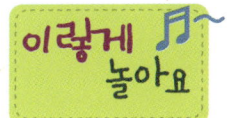

한자 모형 놀이

아이들은 구체적인 모양과 관련시킬 때 문자를 쉽게 받아들입니다.
한자 모형 놀이는 한자를 구체적인 형상으로 만들어서 아이가 쉽게 받아들일 수 있도록 만든 놀잇감입니다.
B1집에서 배운 9자의 한자를 모두 모형으로 만들어서 아이와 함께 놀아 주세요.

● 입김불기 놀이

1. 한자가 보이게 모형을 늘어놓아요.
2. 엄마가 뜻·소리를 말해요.
3. 아이가 해당 한자를 찾아 입김을 불어 넘어뜨려요.

● 우리 집에 왜 왔니? 놀이

1. 아이가 "우리 집에 왜 왔니?" 노래를 불러요.
2. 엄마가 "소 우 찾으러 왔단다." 하고 대꾸를 해요.
3. 아이가 해당 한자를 찾아 앞으로 빼어 놓아요.

● 한자 출석 놀이

1. 엄마랑 아이랑 가위바위보를 해서 선생님과 아이를 정해요.
2. 선생님이 "양 양", "소 우", "개 견"하고 출석을 확인하듯 뜻·소리를 말해요.
3. 학생이 "네"하고 대답하며 부르는 순서대로 모형을 세워요.

• 제시된 놀이 방법 이외에도 재미있는 방법으로 익히도록 합니다.

기획·편집·디자인 기탄교육연구소
주소 06698 서울특별시 서초구 효령로 40 기탄출판센터 | **전화** (02) 586-1007 | **팩스** (02) 586-2337
ⓒ (주)기탄교육 All rights reserved. 본 교재의 저작에 관한 모든 권리는 (주)기탄교육에 있습니다. 저작권자의 동의 없이 본 교재를 무단으로 복제하거나 전재하는 것을 금합니다.